世界と日本
がわかる
国ぐにの歴史

一冊でわかる
ポルトガル史

【監修】金七紀男
Kinshichi Norio

河出書房新社

はじめに

なじみ深いのに遠い国

イベリア半島の南西部に位置する国、ポルトガル。ポルトガルといえば、真っ先に思い浮かぶのは、日本の種子島（現在の鹿児島県）に到着したポルトガル人による鉄砲伝来でしょうか。ちなみに、２０２３年で両国の交流は４８０周年を迎えました。来日したポルトガル人との交流でポルトガル語由来の言葉が多く日本に残るなど、非常に縁深い国といえます。ほかにも、サッカーの強豪国であること、ワインやコーヒー、オリーブオイルなどで有名だと認識されているかもしれません。

大航海時代にはインドの香料交易で栄華を極め、ブラジルを植民地にして金やダイヤモンドなどの鉱産物、砂糖、綿花などの農産物を開発して、「植民地帝国」とよばれるほどだったポルトガル。

けっして影が薄いわけではなく、むしろ接点はあるはずなのに、あまり知られていないポルトガルの歴史を、本書をきっかけに学んでいただければ幸いです。

監修　金七紀男

知って
びっくり!

ポルトガルの4つのひみつ

初めてポルトガル史にふれるあなたに、意外な事実を紹介します!

ひみつ1

ポルトガルの海外進出が大航海時代のはじまり!?

貴金属不足による経済危機から回復するために、ジョアン1世ほかが率いる大艦隊が1415年にセウタを攻略しました。これがヨーロッパの大航海時代のはじまりとされています。

→くわしくは 61 ページへ

ひみつ2

大地震でリスボンが壊滅状態になった!

1755年にポルトガルで大地震が起こり、津波や火災によって、建造物の9割近くがなくなったといわれています。絵画や書籍、美術品なども失われました。

→くわしくは 123 ページへ

ひみつ3

ナポレオンを恐れた王族がいっせいにブラジルへ逃げた!

リオでポルトガル・ブラジルの王になりました

ナポレオンの侵攻を恐れたポルトガルの王族、官僚、貴族、商人、船員は、1807年にリスボンを発ち、翌年ブラジルのリオデジャネイロに到着し、そこに宮廷を置きました。

→くわしくは 141 ページへ

ひみつ4

第二次世界大戦の裏で世界博覧会を開催した?

1940年、建国800周年、スペインからの再独立300周年を記念して、ポルトガル世界博覧会が開催されました。ただし当時は第二次世界大戦中で、参加したのはポルトガルとその植民地だけでした。

→くわしくは 186 ページへ

さあ、ポルトガル史をたどっていこう!

目次

chapter 2 レコンキスタの完了

コインブラ大聖堂

12世紀なかば、アフォンソ・エンリケスによって建立された大聖堂で、当時は要塞を兼ねていた。増改築がくり返されたが、建物の基礎となるロマネスク様式の部分は建造された当時のまま残されている。

chapter 3 大航海時代の最中で

リスボン大聖堂

さまざまな様式が混在した建築で、正面入り口はロマネスク様式だが、祭壇などはバロック様式、回廊はゴシック様式のものだ。もともとモスクが立っていた場所に建造された。

chapter
4 フィリペ朝の時代

ベレンの塔

海に関する装飾が施されるマヌエル様式で建てられた要塞。テージョ川の船舶の監視をするためにつくられた。司馬遼太郎が「テージョ川の公女」と称したことでも知られている。ジェロニモス修道院とともに世界遺産に登録されている。

chapter 5 再独立後のポルトガル

chapter 6 王政の終わり

chapter 7 世界大戦とポルトガル

発見のモニュメント

リスボンにある大航海時代を記念した記念碑。エンリケ航海王子を先頭に、当時の王や航海士、宣教師などの像が32名分並んでいる。

chapter 8 これからのポルトガル

ひみつコラム

プロローグ

戦国時代から交流がある文化的な国

ポルトガルといえば、まず真っ先にサッカー、もっといえばクリスティアーノ・ロナウドを思い浮かべる人が多いのではないでしょうか。世界最高のサッカー選手ともよばれる彼は、マデイラ諸島の都市フンシャルの出身です。

また、「ポルトガルは美食の国」という印象もあるかもしれません。ポートワインやオリーブオイル、バカリャウ（干しダラ）など、名物が数多くあります。

ポルトガルはイベリア半島の西部、ユーラシア大陸の最西端に位置しています。面積は9万2000平方キロメートルで、日本の4分の1ほどです。長方形の形をした国土は、北部と東部がスペインに、西部と南部が大西洋に面しています。

国土の気候は多様性に富んでいます。北部の沿岸は、10月から4月にかけて偏西風がもたらす雨により、温暖な海洋性気候帯に属します。

同じ北部でも内陸の山岳地帯は、スペインの中央山系の延長上にあり、冬は寒く、夏は暑い大陸性気候です。南部は、スペインのアンダルシア地方に連なる低地帯で、夏に

ポルトガルの国土

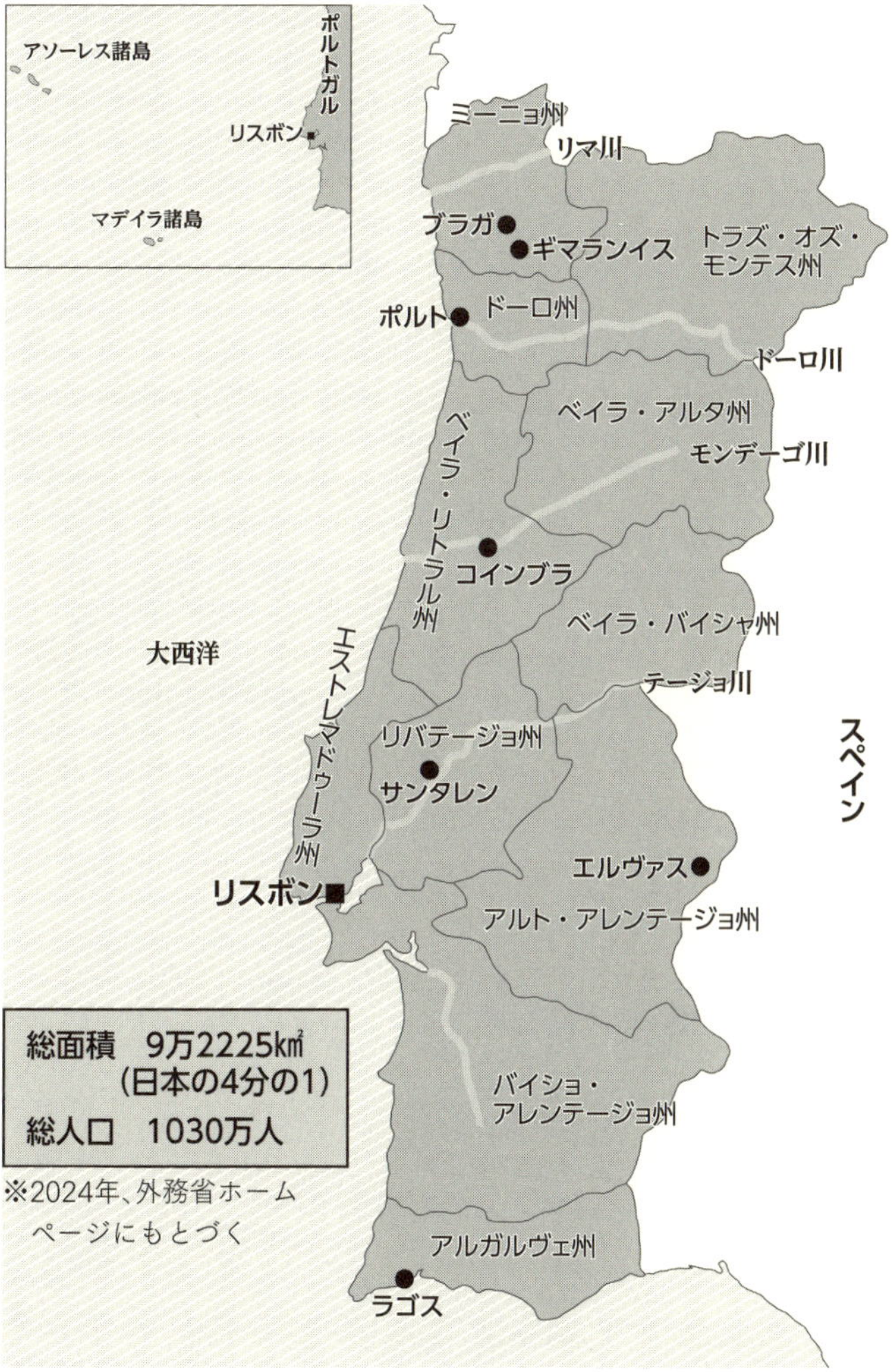
アソーレス諸島
ポルトガル
リスボン
マデイラ諸島
ミーニョ州
リマ川
ブラガ
ギマランイス
トラズ・オズ・モンテス州
ポルト
ドーロ州
ドーロ川
ベイラ・アルタ州
ベイラ・リトラル州
モンデーゴ川
コインブラ
ベイラ・バイシャ州
大西洋
エストレマドゥーラ州
テージョ川
リバテージョ州
サンタレン
スペイン
エルヴァス
リスボン
アルト・アレンテージョ州
総面積　9万2225㎢
（日本の4分の1）
総人口　1030万人
バイショ・アレンテージョ州
※2024年、外務省ホームページにもとづく
アルガルヴェ州
ラゴス

は40度を超えて乾燥し、冬は温暖で雨の降る地中海性気候です。小麦、ブドウ、オリーブなどが栽培され、ワインの生産がさかんです。なお、コルクの生産量は世界一です。

ポルトガルの人口は、2024年時点で1030万人。日本の約12分の1程度です。「一言語・一民族」の国家ですが、歴史をみていくと、さまざまな民族がポルトガルにやってきていることがわかります。多種多様なルーツの人びとが融合し、「ポルトガル人」を形づくっているのです。

日本との関係でいえば、戦国時代から江戸時代初期にかけて多くのポルトガル人の商人や宣教師が、来日しています。彼らはヨーロッパの文化、いわゆる南蛮の文物を日本にもたらしました。たとえば、金平糖や天ぷら、カステラは、当時ポルトガル人がもたらしたお菓子や料理にルーツがあります。

来日したポルトガル人のなかには、日本で見聞きしたことを記録し、本を執筆した人もいました。ポルトガルと日本は距離が離れていますが、じつは長い交流の歴史があるのです。ヨーロッパから最初に来日したのはポルトガル人ですが、日本人にあまり知られていないこのポルトガルの歴史を、これからひも解いていきたいと思います。

chapter 1

ポルトゥカーレ伯領の成立

旧石器時代から鉄器時代

現在のスペインとポルトガルがあるイベリア半島に現生人類（いまの人類の祖先）が登場したのは、いまから約4万年前の旧石器時代後期のことです。人びとは打製石器をつくり、狩猟採集生活を営んでいました。

ポルトガルの旧石器時代の遺跡として、ドーロ川支流にあるコア渓谷が有名です。そこを流れるコア川の両岸にある岩には、牛や馬、山羊などの動物の線描画が描かれています。紀元前2万5000年から1万年前に描かれたものだと考えられています。

紀元前5000年代に、ポルトガル南部と中部で農業と牧畜がはじまりました。人びとは定住するようになり、磨製石器や土器の製造が行われます。この新たな生活方式は、しだいに北部にも伝わっていきました。当時つくられたドルメン（支石墓）やクロムレック（環状列石）は、ポルトガル各地に残っています。

紀元前1000年ごろからケルト人がピレネー山脈を越えて、イベリア半島にやってきます。ケルト人はおもにイベリア半島の北部と内陸部に定住し、鉄器文化を広めました。紀元前800年ごろ、こんどはフェニキア人がレヴァント地域（現在のシリア、レバノン、イスラエル付近）から海をわたってイベリア半島南西部に上陸します。フェニキア人は、銅や錫《すず》などの資源を求めてやってきて、イベリア半島に青銅器を伝えました。

紀元前600年ごろには、ギリシア人がペロポネソス半島（現在のギリシャ）からイベリア半島にやってきます。このときわたってきたギリシア人が、この地を「イベリア」と呼んだとされています。

そして紀元前4世紀ごろ、ポルトガル北部ではカストロ文化が生まれました。カストロとは山の頂上につくられた集落で、外敵の襲撃に備えて何重もの石垣に囲まれていました。

ローマ文明の影響

地中海の支配をめぐって、フェニキア人の国家カルタゴと、イタリア半島のローマとのあいだで、紀元前218年から第二次ポエニ戦争がはじまります。紀元前201年にローマがこの戦争に勝利した結果、カルタゴはイベリア半島につくった拠点をローマに奪われました。

その後、ローマはイベリア半島をヒスパニア・キテリオル（上ヒスパニア）とヒスパニア・ウルテリオル（下ヒスパニア）というふたつの属州（ローマ本国以外の領土）に分割し、本格的な進出を開始します。フェニキア人はイベリア半島を「ヒスパニア」と呼んでおり、ローマ人もこの呼称にならいました。

南部の先住民は、すでに地中海文明の影響を受けていたため、ローマの文化を北部にくらべて柔軟に受け入れます。一方、中部や北部では、紀元前154年から約20年間、この地の族長ヴィリアト（ヴィリアトゥス）を中心としてルシタニア人などの先住民族がローマ人にはげしく抵抗しました。

しかし、最終的に紀元前19年、ローマ帝国の初代皇帝アウグストゥスが率いる軍隊が北部を征服し、ヒスパニアは完全にローマの支配下に置かれます。そしてヒスパニアは、バエティカ（現在のスペイン南部）、タラコネンシス（現在のスペイン東部から北部）、ルシタニア（現在のポルトガルからスペイン中西部）の3つの属州に分割されます。

その後、アウグストゥスがヒスパニアで土木工事を積極的に進めた結果、道路、水道、橋が建設され、都市や地域を結ぶ交通網も整備されました。都市部には闘技場や劇場などローマ風の建物が建設されます。人びとの文化や生活様式も、ローマの影響を受けました。このようにローマの影響を受けたさまざまな人種の先住民たちは「ヒスパノ・ロマーノ」と呼ばれます。また、ヒスパニアでは共通の言語としてラテン語が使われるようになりました。

1世紀ごろ、キリスト教がヒスパニアに伝わります。はじめは都市の限られた人が信仰していましたが、しだいに農村部にも浸透していきます。

ヒスパニアはローマの恩恵を受けて、経済的に発展します。とくにローマ市民権（官職に就任するための選挙権などの権利）を得て、ワインやオリーブオイルの生産と輸出

ヒスパニアの属州

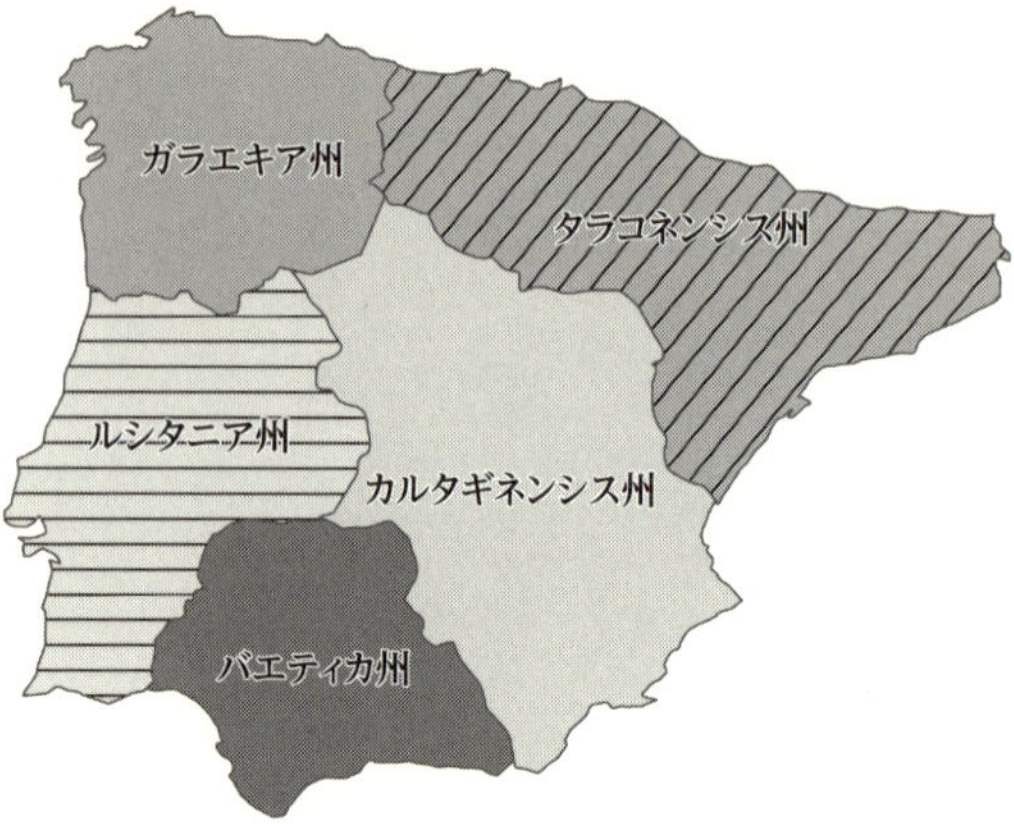

によって裕福になる人もいました。

なお、ヒスパニアにはローマ帝国の文化や政治を支えた人物が多くいます。哲学者のセネカや詩人のルカヌス、修辞学者のクインティリアヌス、政治家としては五賢帝のひとりに数えられるトラヤヌス帝もヒスパニアの出身です。

297年には、ヒスパニアの属州が再編されました。タラコネンシスが3つに分割され、タラコネンシス、カルタギネンシス（現在のスペイン中部から南東部）、ガラエキア（現在のスペイン北西部からポルトガル北部）となり、ルシタニア、バエティカとあわせて5つの属州となります。

なお3世紀には、ヒスパニア全域にキリスト教が広まっていました。313年、ミラノ勅令によってキリスト教が公認され、392年にはテオドシウス帝によりローマの国教に指定されます。

ゲルマン民族のヒスパニア支配

フン族の圧迫を受けたゲルマン民族のうち、西ゴート族がドナウ川をわたって375年にローマ帝国領内に侵入します。これが、いわゆる「ゲルマン民族の大移動」のはじまりです。

409年には、ヴァンダル族、アラン族、スエヴィ族がヒスパニアに侵入しました。そのなかでもスエヴィ族は、411年から北西部のガラエキアに定着し、ブラカラ（現在のポルトガル北西部の町ブラガ）を首都として、スエヴィ王国を建国します。

スエヴィ族は、この地に定住していたヒスパノ・ロマーノよりも数が少なかったため、キリスト教のアリウス派（イエスの神性を否定した異端派）からアタナシウス派（三位一体を説く正統派）に改宗することで、ヒスパノ・ロマーノの社会に適応しようとしました。

507年、フランスのトゥールーズを根拠地としていた西ゴート王国が、フランク王国のクローヴィスとの戦いに敗れ、ピレネー山脈を超えてイベリア半島に移り、首都をトレドに置きました。585年、西ゴート国王レオヴィギルドがスエヴィ王国を併合したことによって、イベリア半島は西ゴート王国によって統一されたのです。

西ゴート族は伝統的にアリウス派を信仰していましたが、レオヴィギルドの死後に国王となったレカレドが589年にアタナシウス派（カトリック）に改宗しました。

アル・アンダルス

西ゴート王国では国王のレケスウィントが死亡した672年以降、短期間で王が交代し、王位をめぐる抗争が起こったため、イベリア半島の情勢が乱れます。

そのころ、日本では？

710年、元明天皇は藤原京から平城京に遷都しました。唐の長安を参考に造られたこの都は、以後、恭仁京《くにきょう》や難波《なにわ》京《きょう》への遷都によって一時的に放棄されることがあったものの、基本的には784年に長岡京に遷都されるまで、政治の中心地となります。

そのころ北アフリカでは、新たに生まれたイスラム教徒の国家であるアラブ帝国が急速に拡大していました。

710年に西ゴート国王のウィティザが死に、息子のアキラが即位します。しかし、ロドリーゴという人物が反乱を起こして王位を奪いました。アキラは王位をとりもどすために、アラブ帝国の力を借りることにします。711年、アラブ帝国はアキラの要請に応じ、将軍ターリクが率いるアラブ軍をイベリア半島に送りこみました。そしてアラブ軍は国王ロドリーゴ率いる西ゴート軍とグアダレーテで戦い、勝利します。

ターリクはさらに軍を進め、首都トレドに無血入城（死傷者を出さずに降伏させること）しました。こうして西ゴート王国は崩壊し、ゲルマン民族によるイベリア半島の支配も終わります。

アラブ人は征服した土地を「アル・アンダルス」と呼び、ダマスカスを首都とするウマイヤ朝のカリフ（イスラム教徒の指導者）が支配する領域としました。

ただし、アラブ人はヒスパノ・ロマーノにイスラム教を強制せず、人頭税（人間ひとりあたりにかかる税金）や地租（土地に対してかかる税金）を払えばキリスト教の信仰を認めています。イスラム教徒の支配下で、キリスト教の信仰を守って暮らした人びとのことをモサラベと呼びました。一方で、イスラム教に改宗したキリスト教徒もおり、ムラディ（ムワッラド）と呼ばれます。

なお、イベリア半島には1世紀ごろからユダヤ教徒も暮らしており、宗教を中心とした独自のコミュニティを形成しました。西ゴート王国時代には弾圧されましたが、アル・アンダルスでは信仰の自由と自治を認められます。

レコンキスタのはじまり

西ゴート王国が崩壊したあと、一部の西ゴート貴族や民衆はイベリア半島北部のカンタブリア山脈のふもとに逃れます。そこで指導者のペラーヨがバスク系のアストゥリアス人（ピレネー山のふもとに住むイベリア先住民）からの支持を得て王位に就き、718年にアストゥリアス王国を成立させました。

722年にはペラーヨの指揮のもと、はじめてキリスト教徒がイスラム教徒を打ち破りました（コバドンガの戦い）。この勝利をきっかけに、キリスト教徒が領土を奪還しようとする運動「レコンキスタ（再征服運動）」がはじまったとされています。

アル・アンダルスでは、征服地の分配をめぐってアラブ人どうしの争いや、イスラム教徒に改宗したばかりのベルベル人による反乱が起こりました。その結果、アミール（総督）が35年のあいだに19人も交代するなど混乱がつづきます。

中東ではアッバース家が主導するウマイヤ朝に対する反乱が起こり、750年にはアッバース家のアブー・アル・アッバースがウマイヤ朝を滅ぼして、アッバース朝を開きました。

このとき北アフリカに逃れたウマイヤ家のアブド・アッラフマーン1世は、755年にイベリア半島へわたると、アル・アン

8世紀なかばのイベリア半島

ダルスの内乱を平定します。そして翌年、コルドバを都として後ウマイヤ朝（コルドバ・アミール国）を成立させました。

北部のアストゥリアス王国では、791年にアルフォンソ2世が国王となります。アルフォンソ2世は西ゴート王国の復活をめざし、イスラム教徒の支配地域への領土拡大を掲げました。

801年、フランク王国がイベリア半島北東部に侵攻し、バルセロナを占領します。フランク王国はバルセロナ伯など複数の伯領を自国の支配下に置きました。こうして成立したスペイン辺境伯領は、のちにカタルーニャと呼ばれる地域になります。

ピレネー山脈の西部では、820年にバスク系貴族のイニゴ・アリスタがムラディ貴族の支持を得てナバーラ王国を建国し、王位に就きました。

ポルトゥカーレ伯領の成立

後ウマイヤ朝では、822年にアミールとなったアブド・アッラフマーン2世が国の財政と行政の改革を行います。

たとえば、西ゴート王国以来の伝統だった貴族による統治をやめ、国家が直接民衆から税を取り立てる体制への転換を試みました。これによって後ウマイヤ朝の財政は改善し、アストゥリアス王国やスペイン辺境領へ軍事遠征を行ったり、コルドバのモスク（イスラームの礼拝堂）を建て替えたりしました。

しかし、改革によって特権を失ったムラディの貴族が反発したため、9世紀後半から10世紀初頭にかけて大規模な反乱が発生します。この混乱に乗じて、アストゥリアス王国のアルフォンソ3世は、アル・アンダルスとの境目にあった現在のポルトガル北部とカスティーリャに多くの農民を送って入植させました。

868年、アストゥリアス王国の貴族であるヴィマラ・ペレスは、ドーロ川の河口にある都市ポルトゥカーレ（現在のポルト）を占拠します。アルフォンソ3世は、ヴィマラ・ペレスをポルトゥカーレ伯に任命しました。

ヴィマラ・ペレスの一族は、その後200年にわたってミーニョ川からドーロ川一帯を支配します。ポルトゥカーレ伯領は、アストゥリアス王国の支配を受けながらも、なかば独立した地域となっていきました。

アストゥリアス王国は、910年にレオン王国とガリシア王国に分裂します。レオン王国の東部地域カスティーリャでは、932年にフェルナン・ゴンサーレスがカスティーリャ伯に就きました。カスティーリャ伯領もなかば独立した地域となっていき、レコンキスタを主導していきます。

後ウマイヤ朝の最盛期

後ウマイヤ朝は、10世紀に最盛期を迎えます。929年、アブド・アッラフマーン3世はみずからカリフを名乗り、ダマスカスから独立しました。これ以降、後ウマイヤ朝はコルドバ・カリフ国と呼ばれます。

こうして、バグダードのアッバース朝、カイロのファーティマ朝、コルドバの後ウマイヤ朝と、カリフを称する者が3名存在する3カリフ時代が始まります。

アブド・アッラフマーン3世は傭兵《ようへい》軍を組織して、キリスト教諸国への軍事遠征をくりかえしながら北アフリカのファーティマ朝にも艦隊を派遣し、マグレブ（現在のチュニジア、アルジェリア、モロッコを指す地域名）の北部を保護領としました。さらにド

10～11世紀なかばのイベリア半島

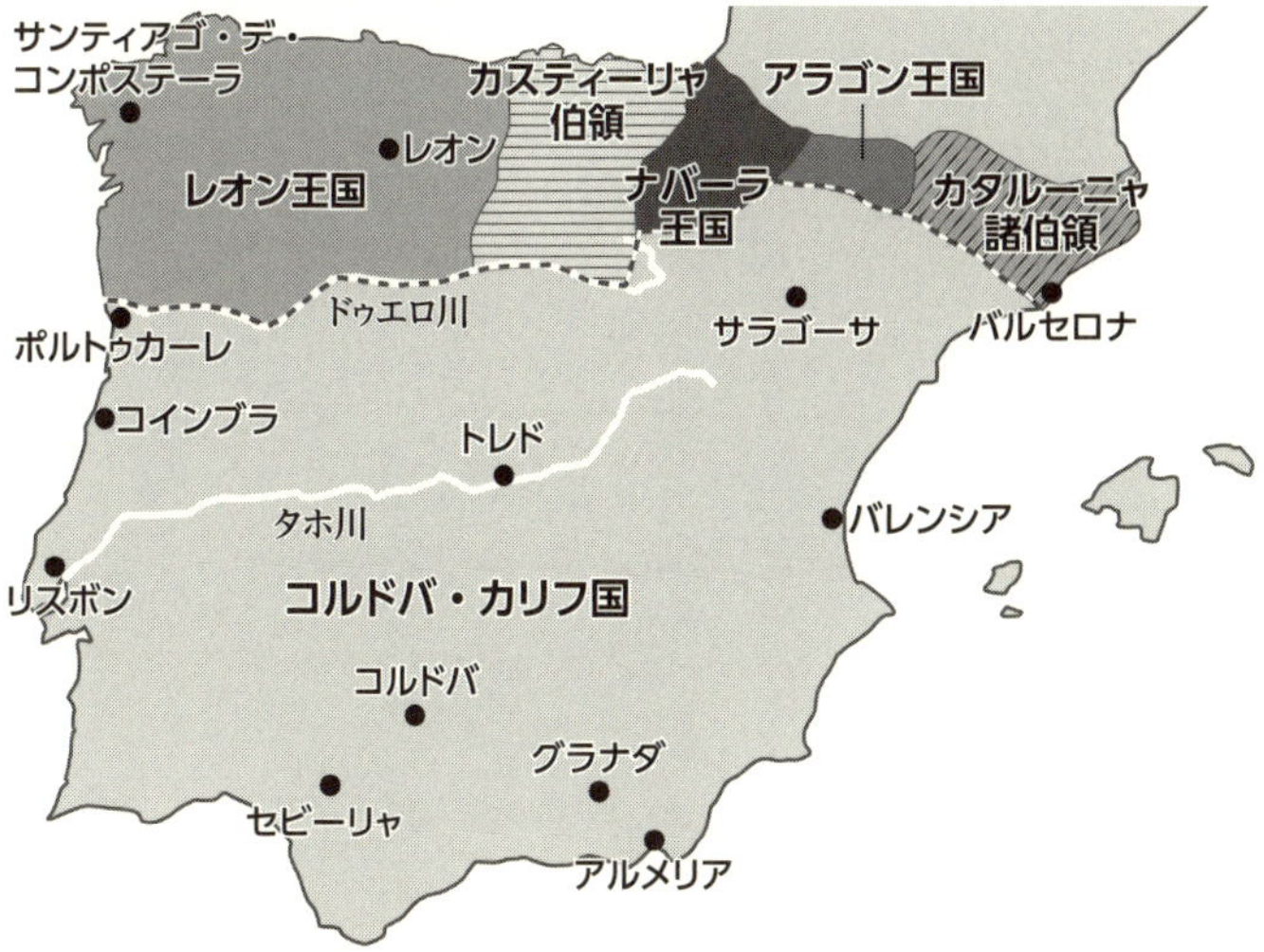

ーロ川流域をめぐっては、レオン王国やカスティーリャ伯領、ナバーラ王国などのキリスト教諸国を破ります。

西地中海の大国となった後ウマイヤ朝は、西イスラーム文化の中心地となりました。人口が10万人を超えた首都コルドバには知識人が集まり、大図書館がつくられ、医学などの自然科学が発達しました。

また、絹織物や陶器、皮革、武器などの製造業が栄え、北アフリカ諸都市との交易もさかんになりました。米、サトウキビ、綿花、柑橘《かんきつ》類などの農作物が育てられるようになり、灌漑《かんがい》施設によって農業が発展します。

ムラービト朝の侵入

キリスト教国側では、ナバーラ王国のサンチョ3世が1029年にカスティーリャ伯領の領有権を獲得すると、内乱状態だったレオン王国を保護国化します。さらに、バルセロナ伯を臣下としました。

一方、後ウマイヤ朝は政治の実権をめぐる争いによって、1031年に崩壊します。アル・アンダルスは分裂し、タイファと呼ばれる小王国が乱立しました。現在のポルトガルにあたる地域を支配していたのは、セビーリャとバダホスのタイファ国です。

ナバーラ王国ではサンチョ3世が1035年に死去すると、カスティーリャ伯領の領有権は彼の息子のフェルナン

そのころ、日本では？

平安時代中期の1028年、関東の武士である平忠常《たいらのただつね》が反乱を起こしました（平忠常の乱）。忠常の勢力は広範囲にわたり抵抗したため、朝廷は3年間も鎮圧できませんでした。武勇に優れた源頼信《みなもとのよりのぶ》が朝廷から追討を命じられると、忠常は1031年に頼信に降伏しました。

ド１世に継承されます。そして領土はナバーラ、アラゴン、カスティーリャという３つの王国に分裂しました。さらにレオン王国の継承権を得たフェルナンド１世は、１０３７年にカスティーリャ・レオン王国を成立させます。

このころ、イスラム勢力が弱体化していたため、キリスト教諸国は積極的な軍事遠征を行って領土を広げました。ポルトゥカーレ伯領は、ドーロ川を越えて勢力を拡大し、１０５７年にはラメゴ、１０６４年にはコインブラを征服し、モンデーゴ川以北を占領します。新しくコインブラ伯領が設置され、フェルナンド１世に仕えたモサラベのセズナンドが初代コインブラ伯となりました。

１０６５年にフェルナンド１世が亡くなると、その息子たちが相続をめぐって争います。レオン王国を相続していたアルフォンソ６世は兄弟との戦いの結果、１０７２年にカスティーリャ王国も相続し、１０８５年にはかつての西ゴート王

レコンキスタの進展（1091年まで）

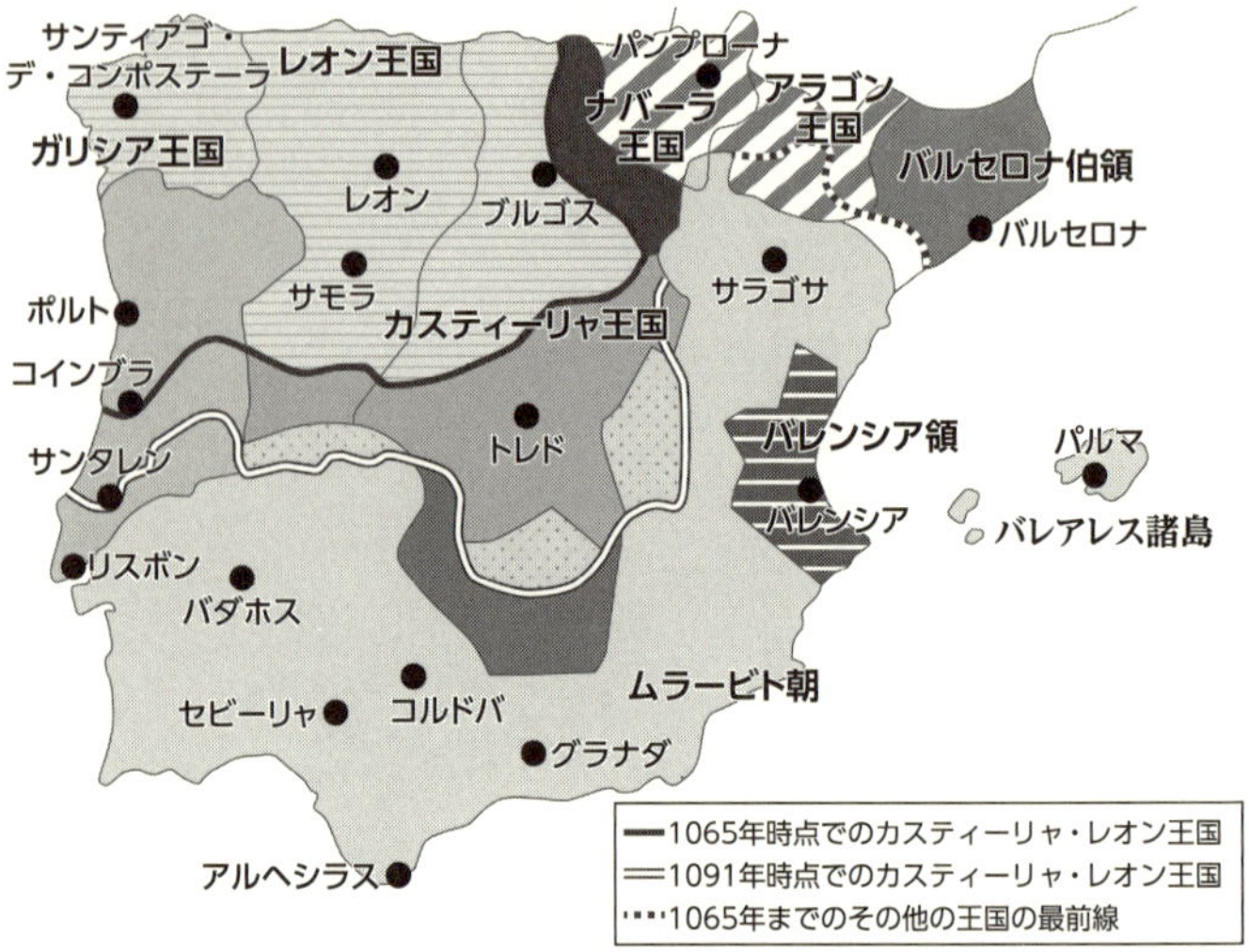

国の首都トレドを征服し、テージョ川より北側を占領しました。

キリスト教勢力の拡大に危機感を強めたタイファ諸国は、北アフリカのムラービト朝に援軍を求めます。要請を受けたムラービト朝のユースフ・イブン・ターシュフィーンは軍をイベリア半島に上陸させ、1086年にサグラハスの戦いでカスティーリャ・レオン王国の軍を撃破しました。

これをきっかけにムラービト朝はタイファ諸王の廃絶を宣言し、アル・アンダルスの支配者となります。サハラ砂漠からマグレブ、アル・アンダルスにまで至る広大な領域がムラービト朝の領土となりました。

独立への第一歩

ムラービト朝に敗れたアルフォンソ6世は、キリスト教諸国に援軍を求めます。この要請に応えてイベリア半島にやってきたのが、フランスのカペー朝とブルゴーニュのクリュニー修道院とのつながりをもつ騎士レイモン・ド・ブルゴーニュでした。レイモンはアルフォンソ6世の娘であるウラーカと結婚し、1091年、ガリシア、ポルトゥカーレ伯領、コインブラ伯領を譲渡されます。

1094年、レイモンの親族であるアンリ・ド・ブルゴーニュがアルフォンソ6世の庶子（正式な王妃でない女性が産んだ子）のテレサと結婚し、同年にポルトゥカーレ伯領とコインブラ伯領を譲渡されました。

それまではドーロ川の北と南とでことなる地域に区分されていましたが、アンリは歴史的な経緯を無視し、ポルトゥカーレ伯領とコインブラ伯領を統合します。これが、ポルトガル独立への大きな一歩となったのです。

知れば知るほどおもしろいポルトガルの偉人①

ローマに抵抗したルシタニアの英雄

ヴィリアト(ウィリアトゥス)

Viriato

(?～BC139)

ポルトガル人のルーツとなる伝説的指導者

ヴィリアトは、古代ローマの侵略に抵抗したルシタニア人の指導者です。出自ははっきりしていませんが、山岳地帯の羊飼いであったとする説が有力です。

紀元前190年ごろからルシタニア人とローマとの間で戦争が続いており、紀元前154年にはローマ軍による大量虐殺で多くのルシタニア人が命を落とします。このとき生き延びたヴィリアトは、戦士となりました。

その後、ヴィリアトはゲリラ戦術などを駆使して、ローマ軍への抵抗をつづけます。戦いの才能に長けた彼のもとに、イベリア半島のほかの部族も団結しました。しかし、彼はローマ軍に寝返った裏切り者によって暗殺されます。

ヴィリアトの功績は後世に語り継がれ、16世紀の詩人カモンイスに讃えられるなど、現代のポルトガル人にとっての英雄となっています。

chapter 2

レコンキスタの完了

エンリケスの登場

レイモンが1107年に死去すると、アルフォンソ6世は寡婦《かふ》（未亡人）となったウラーカを、アラゴン・ナバーラ国王のアルフォンソ1世と再婚させます。1109年にアルフォンソ6世が死去したため、ウラーカはカスティーリャを継承しました。

1112年、ポルトゥカーレ伯アンリが死去します。寡婦となったテレサは、ガリシアの有力貴族トラヴァス家のペドロ・フロイラスと手を組み、ドーロ川より北の、もともとポルトゥカーレ伯領だった地域を切りはなしてガリシアに統合しようとしました。

ポルトゥカーレ伯領の有力貴族は、トラヴァス家をはじめとするガリシア勢力に支配されることに不満をもちます。また、ブラガ大司教、ポルトやコインブラの司教たちは、ガリシアのサンティアゴ大司教に支配されることを嫌い、ポルトゥカーレの自主権を守るために団結してテレサに反旗をひるがえしました。

テレサに反発する人びとは、アンリとテレサの息子であるアフォンソ・エンリケスを支持します。エンリケスはポルトゥカーレの貴族メンデス一族に育てられたため、ガリシア側についた母のテレサよりも、ポルトゥカーレ貴族に親近感をもっていました。

１１２８年、エンリケス率いるポルトゥカーレ軍は、テレサが率いるガリシア軍をサン・マメーデの戦いで打ち破ります。テレサはガリシアに逃亡し、エンリケスは新たにポルトゥカーレ伯となりました。

その後、１１３１年にエンリケスはポルトゥカーレ伯領の首都を、生まれた土地である北西部の町ギマランイスから中部のコインブラに移します。

この遷都の目的は、ミーニョ地方の大貴族による制約から自由になることと、レコンキスタを進めるために軍の指示がしやすい場所に拠点を移すことでした。

ポルトガル王国の建国

一方、カスティーリャでは１１２６年、レイモンとウラーカの息子がアルフォンソ7世として国王に就き、１１３５年には「全ヒスパニアの皇帝」を自称します。

エンリケスはアルフォンソ7世に仕える立場でしたが、アルフォンソ7世の即位式に欠席したり、ミーニョ川右岸の町であるトゥイの領有をめぐってカスティーリャと争ったりして、カスティーリャに敵対しました。

さらに、エンリケス率いるポルトゥカーレ軍は1139年、イスラム教徒が支配する地域に侵入すると、オーリッケの戦いでイスラム軍に勝利します。

その後、エンリケスはゲルマン人の慣習に従って盾の上に立ち、騎士たちが喜びの声を上げるなかで「王」に選ばれたといわれています。こうして、エンリケスはレックス（王）を自称するようになりました。それまで使われていたプリンシペ（王子）やインファンテ（親王）とはことなる名称です。

エンリケスとアルフォンソ7世の対立が深まるなか、ローマ教皇の使節が仲介し、両者の会

談が行われました。この会談では、エンリケスがカスティーリャの領土に侵入しないことを条件に、アルフォンソ7世はエンリケスが「王」と名乗ることを容認します。

これを受けて1143年、ポルトガルはカスティーリャ・レオン王国から独立した王国となり、エンリケスはアフォンソ1世と名乗りました。この王朝は、エンリケスの父であるアンリの出身地ブルゴーニュにちなんで、ボルゴーニャ朝と呼ばれます。

リスボン攻略

北アフリカでは、ムラービト朝の支配に対するベルベル人の反発が高まっていました。ムラービト朝を批判するムワッヒド運動が拡大し、1146年にムラービト朝のアミールがムワッヒド軍との戦いで死亡します。アル・アンダルスでは反乱が各地で発生したため、翌年ムラービト朝の支配は崩壊し、ふたたび小王国タイファが乱立します。

ポルトガル王となったアフォンソ1世は、アルコバッサ修道院やコインブラのサンタ・クルス修道院の保護、ブラガ大司教への支援によって、権力を強化しようとします。そのうえで、弱体化したイスラム勢力に対する攻勢を強めます。領土を拡大することで王国と国王の地位の安定を図ったのです。

ポルトガルのレコンキスタでは、自前の馬と武器で軍役についた平民騎士が主力となります。平民騎士はコンセーリョと呼ばれる、征服した土地の支配や防衛を担う自治共同体で中心的な役割を果たしていました。

12世紀なかば以降になると、ポルトガルのレコンキスタは平民騎士のかわりに、宗教騎士団が重要な役割を果たしていくようになります。宗教騎士団は、イベリア半島からイスラム教徒を追放するキリスト教徒の「西方十字軍」としての意識を強くもっていました。

代表的な宗教騎士団には、テンプル騎士団やホスピタル騎士団、カラトラヴァ騎士団、サンティアゴ騎士団があります。彼らは、ヨーロッパ各地からポルトガルにやってきて、南部のイスラム勢力を排除しようとしました。

1147年、アフォンソ1世はテージョ川沿いの大都市リスボンをめざして攻撃を開始し、同年3月にはリスボンから北東に約80キロの町サンタレンを征服します。

5月、イギリスから聖地エルサレムに向かう十字軍の軍勢がポルトに立ちよっていることを知ったアフォンソ1世は、リスボン攻略のために協力を求めました。こうして十字軍とともにポルトガル軍は攻勢を強め、10月にリスボンを攻めおとし、ポルトガルの領土の南端はテージョ川にまで拡大しました。

さらにポルトガル軍は、1165年には中南部の町エヴォラを征服します。

キリスト教勢力の決定的な勝利

アル・アンダルスでは、1150年代までにムワッヒド朝がタイファ諸国の大部分を服属させました。ムワッヒド朝は、マグレブからアル・アンダルスまでを支配する巨大帝国に成長します。

12世紀ごろのイベリア半島

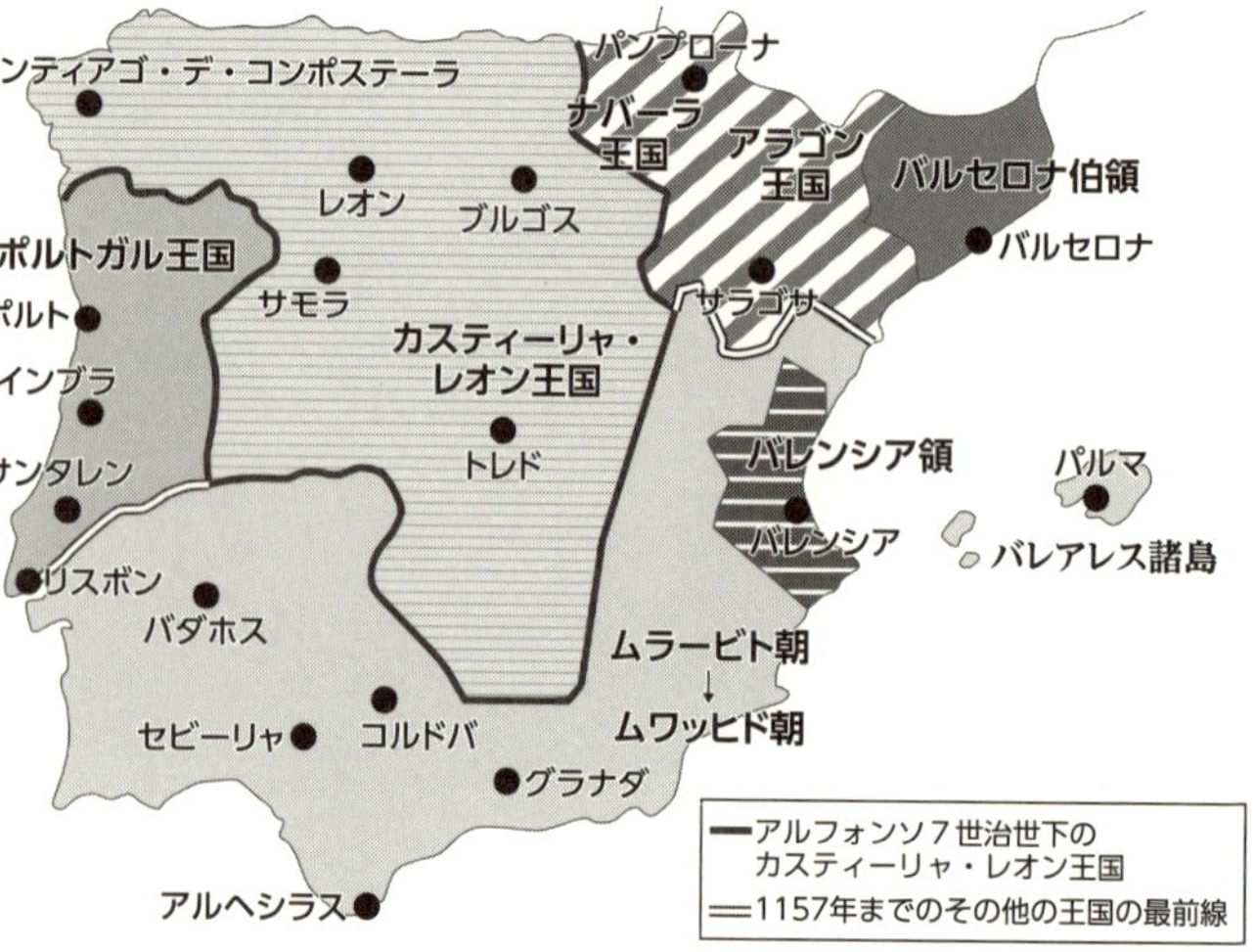

ローマ教皇アレクサンデル3世は、アフォンソ1世のレコンキスタの実績と王権の安定を認め、1179年にようやくポルトガル王国を承認しました。

また、アフォンソ1世は、キリスト教の教会や修道院の建設に力を入れます。リスボンやエヴォラには大聖堂が建立され、クリュニー修道会やシトー修道会には広大な土地が寄進されました。

なお、12世紀にはクリュニー・ロマネスク様式で建てられた建造物が多く、代表的な建物であるコインブラ大聖堂は1184年に完成しています。

1185年、レコンキスタの最中にア

フォンソ1世がコインブラで死去すると、息子のサンショがサンショ1世として即位し、レコンキスタを継続しました。サンショ1世は地中海沿岸のシルヴェスまで征服しましたが、ムワッヒド朝の反撃を受けて、1191年にはテージョ川まで後退します。

1195年には、ムワッヒド朝のヤークーブ・マンスールがアラルコスの戦いでカスティーリャ・レオン王アルフォンソ8世の軍に勝利しました。

アルフォンソ8世はキリスト教諸王の援軍を得て、イスラム勢力に反撃します。1212年、ポルトガル、カスティーリャ、アラゴン、ナバーラの軍が集結し、アンダルシアのラス・ナバス・デ・トローサでの戦いで、イスラム勢力の軍を打ち破りました。この勝利をきっかけに、キリスト教勢力によるレコンキスタがさらに進んでいきます。

国王VS領主

ポルトガルでは13世紀に入ると、国王だけでなく、貴族や教会勢力、修道会が莫大な富と領地をもつようになっていました。

貴族は、レコンキスタに従軍することで国王から恩賞として土地をあたえられ、所領を拡大します。とくにリコ・オーメン（大貴族）は宮廷で特権をもちました。彼らは戦争があると家臣であるカヴァレイロ（騎士）を引き連れて国王を支援する義務があり、そのかわりに、所領内の領主裁判権や不輸・不入権（領地に対する税金を払わなくていい権利）をあたえられます。

大司教や司教をはじめとする教会勢力は、建国期に国王から土地を寄進されており、広大な荘園（法律が適用されない私的所有の土地）を保有していました。この当時、大司教や司教など高い位の聖職者のほとんどは王族や貴族です。

また、13世紀ごろから、ベネディクト会、シトー会、フランシスコ会、ドミニコ会などの修道会が都市部を中心に力を伸ばしていました。王権にとって脅威となる有力な領主勢力を弱体化させるため、ポルトガル国王は彼らの特権をなくそうとします。

1216年以降、アフォンソ2世は貴族や教会に、相続領地の安堵《あんど》（土地所有権を保証すること）を申請させる所領確認制をはじめました。1220年には、貴族や教会の土地に役人を派遣して検地（税金をかけるため土地の測量をすること）を行わせます。

この状況を受けて、ブラガ大司教はローマ教皇庁に助けを求めました。すると、ローマ教皇ホノリウス3世はアフォンソ2世を破門し、教会への補償を約束させます。破門とは、キリスト教の共同体からの追放のことで、カトリック信者にあたえられる最大級の罰です。

1223年、アフォンソ2世は教会への補償を果たさずに死去し、息子のサンショがサンショ2世として即位しました。

レコンキスタ、完了

ムワッヒド朝が13世紀はじめにラス・ナバス・デ・トローサの戦いで敗北すると、アル・アンダルス全体が政治的に不安定になります。ムワッヒド朝による支配に対する人びとの不満が高まって反乱が起こると、1228年にはムワッヒド朝はイベリア半島から撤退しました。

そのころ、日本では？

鎌倉時代前期の1221年、後鳥羽《ごとば》上皇《じょうこう》とその近臣たちが鎌倉幕府を打倒するために挙兵しました。この承久《じょうきゅう》の乱はすぐに幕府に鎮圧され、上皇は隠岐《おき》（現在の島根県）に流されてしまいます。以後、武士と朝廷の力関係は逆転し、武士が治める時代がはじまりました。

こうして、アル・アンダルスから巨大な勢力が消え、タイファが乱立する状態にもどります。グラナダ王国、バレンシア王国、ムルシア王国などの多数のタイファどうしが争いつづけ、弱体化していきました。

その後、1229年にマヨルカ島がアラゴン王国に、1236年にコルドバ王国がカスティーリャ王国に、1238年にバレンシア王国がアラゴン王国に、1248年にセビーリャ王国がカスティーリャ王国によって征服されます。

ムハンマド1世が建国したグラナダ王国は、1246年にタイファ諸国を裏切り、カスティーリャ王国と同盟しました。その後、カスティーリャ王に臣従し、税金の支払いや軍事援助などを定期的に行うことで存続を認められました。

イスラム勢力は13世紀なかばまでにキリスト教諸国にとりこまれ、グラナダ王国だけが残ります。ポルトガルでは、サンショ2世が1248年に死去し、弟のアフォンソがアフォンソ3世として即位しました。

アフォンソ3世は、1249年に最南部のアルガルヴェ地方にあるシルヴェスとファロを征服し、地中海沿岸に到達します。ついに、ポルトガル領内のレコンキスタが完了しました。

これを記念し、アフォンソ3世以降、ポルトガルの歴代王は「ポルトガル王国ならびにアルガルヴェ王国の王」と名乗るようになりました。

1254年、アフォンソ3世は、これまで聖職者と貴族だけが参加していたコルテス（身分制議会）に、平民の代表を参加させることを認めます。平民の意見を反映させることで、聖職者と貴族の勢力をおさえこもうとしたのです。

また、彼はアフォンソ2世がはじめた領主勢力への検地を再開し、多くの貴族と教会勢力を屈服させました。そして、1255年には首都がコインブラからリスボンに移されます。

農業王ディニス1世

アフォンソ3世が亡くなると1279年、ディニス1世がポルトガル王に即位しました。ディニス1世は、歴代の王が取り組んできた領主への介入をいっそう強めます。1284年以降、検地を徹底して行い、北部全域の土地台帳を作成しました。また、貴族の領主裁判権を制限し、領土の相続の確認を改めて行うなどして、領主権の抑圧と王権の強化を図ります。

さらにディニス1世は、レコンキスタによって広大な領地を得た宗教騎士団にも介入しました。1288年には、カスティーリャに本拠地がある国内のサンティアゴ騎士団を本国カスティーリャから独立させ、王権の支配下に置きました。

文化面では、国政に関わる人材を育成することを目的として、リスボンにエストゥード・ジェラル(一般教養学院)が1290年に創立されます。これは、現在のコインブラ大学の前身です。

このころ、公文書に使われる言語がラテン語からポルトガル語に変更されます。ドーロ川北部ではガリシア・ポルトガル語が、テージョ川以南ではルシタニア・モサラベ語が話されていました。レコンキスタの影響で、ガリシア・ポルトガル語とルシタニア・モサラベ語が融合し、ポルトガル語として成立します。

ディニス1世は農業の振興を積極的に行ったため、「農業王」というあだ名でも知られています。それまでのポルトガルの農村では牧羊が産業の中心でしたが、ディニス1

世は新しい村をつくったり、原野を開墾をして農地を広げたりする政策を進め、農作物の生産量を増やします。

そして各地で定期市を開くことを許可し、増加した農作物の流通を促して、地域間の商業を発展させました。さらには植林を奨励し、生産された木材を使った造船業も発展します。

沿岸部では漁村が成長すると同時に、船舶を活用した海外貿易がさかんになりました。

加えて、海運業の安定化を図るために、船舶が事故にあったときに損失を担保する一種の保険制度を整備します。1317年にはジェノヴァからマヌエル・ペサーニャを招いてポルトガル海軍の強化も行っています。

1319年、ディニス1世はローマ教皇から「キリスト騎士団」の新設を認められ、すでにフランス王によって解

そのころ、日本では？

1318年、後醍醐《ごだいご》天皇が96代天皇として即位します。亡き兄・後二条《ごにじょう》天皇の子である邦良親王《くにながしんのう》が幼かったため「中継ぎ」としての即位でした。しかし、後醍醐天皇は父である後宇多《ごうだ》上皇の院政を停止して、親政（みずから政治を行うこと）を開始します。

体されていたテンプル騎士団が国内で所有していた資産を移転させました。キリスト騎士団の莫大《ばくだい》な遺産は、王室にとって重要な資金源になります。

ペストが大流行

ポルトガルの経済は13世紀なかばから成長しつづけていましたが、14世紀に入ると天候不良や夏の大雨などで穀物の収穫ができない年がつづき、食糧不足や物価の高騰がおこっていました。

１３２５年、ディニス１世が死去し、彼の息子がアフォンソ４世として即位します。その後ヨーロッパではペスト（黒死病）が猛威をふるい、１３４８年にはポルトガルでも大流行しました。リスボンやコインブラといった大都市では、人口が大幅に減少し、ポルトガルの人口の３分の１がペストによって犠牲になったといわれます。

農村でも人口が減り、生き残った農民はよりよい待遇や土地を求め、都市に移動しました。農民が耕作地を放棄したことで、小麦などの農業生産力が低下します。

収入が減った領主層は国王に働きかけ、農民が都市に移動する自由を奪って強制的に働かせる法律をつくりましたが、これに反発する一揆が各地で起こり、あまり効果は出ませんでした。

ペスト感染による死を恐れた領主は神の加護を求めて、土地を教会や修道院に寄進することもありました。教会の土地には不輸・不入権があったため税金をとることができず、王室の税収は減少します。

一方、一部の商人は、放棄された農村の耕作地で生産されたワインやオリーブオイルを輸出し、利益を得ました。アフォンソ4世は、このような新興商人などの資本を取りこむことで税収を補おうとして、なんどもコルテスを召集します。

カスティーリャに勝てない

ポルトガルとカスティーリャの関係は、14世紀から悪化します。ポルトガル国王フェルナンド1世は1369年、カスティーリャ国王エンリケ2世に対してカスティーリャの王位継承権を要求し、戦争をしかけました。しかし、ポルトガルは自力でカスティーリャに勝つことがむずかしく、敗北します。

1372年、フェルナンド1世はカスティーリャの王位継承権をイギリス王エドワード3世の息子に譲りました。当時、イギリスはフランスとの百年戦争を戦っており、ポルトガルはイギリスと、カスティーリャはフランスと同盟を結びます。そして、ふたたび戦争がはじまると、カスティーリャ軍がリスボンに侵攻し、ポルトガル艦隊はほぼ全滅しました。

あきらめきれないフェルナンド1世は、リスボンの城壁を強化したうえで、1381年にふたたびカスティーリャとの戦争を開始します。

しかし、貴族も民衆も戦いに疲れて戦闘意欲が低く、加えて援軍として派遣されたはずのイギリス軍がポルトガル各地で略奪を行ったため、1383年にフェルナンド1世はカスティーリャとの和平条約を結びました。

このとき、フェルナンド1世はひとり娘であるベアトリスをカスティーリャ国王のフアン1世に嫁《とつ》がせることになります。

その結果、フェルナンド1世が死去した場合、ポルトガルがカスティーリャ国王のものとなる可能性が生じたのです。

アンデイロを殺してくれ

カスティーリャとの戦争が長引いたことでポルトガルの経済が停滞すると、物価高で苦しい生活を強いられたリスボンやコインブラなどの都市部の人びとは、政治への不満を強めていました。

とくに、フェルナンド1世の妃《きさき》であるレオノール・テレスは、カスティーリャとの戦争で利益を得た大貴族メネゼス家の出身だったため、庶民や貴族から非難されます。また、レオノールの家来でガリシア貴族のアンデイロ伯は、戦費をまかなうために通貨政策を行い、物価の高騰を招いたため、非難されていました。

1383年、フェルナンド1世が死去すると、娘のベアトリスが即位して女王となり、レオノールが摂政となります。すると、ベアトリスの夫であるカスティーリャ国王ファン1世がポルトガルに侵攻し、東部の町グアルダを占領しました。

カスティーリャの行動に反発を強めたリスボンの市政を握る大法官のアルヴァロ・パイスは、民衆の支持を得たうえで、ペドロ1世の庶子であるアヴィス騎士団長ドン・ジョアンを説得し、アンデイロ伯を殺害させます。

そして、リスボンの民衆は市民集会を開き、ドン・ジョアンを「王国の統治兼防衛の首長」に推薦しました。リスボンのブルジョワも市民に迫られ、ドン・ジョアンを支持するようになります。この知らせはたちまち全国に広がり、各地で民衆暴動が拡大し、都市だけでなく農村でも反乱が発生しました。

ボルゴーニャ朝の終わり

1384年1月、カスティーリャ軍は、サンタレンまで侵攻します。レオノールが

ポルトガルの統治権をファン1世に譲りわたすと、中小貴族はドン・ジョアンを支持するようになりました。

こうして、親カスティーリャの大貴族からなるレオノール派と、中小貴族、都市ブルジョワ、下層民からなるドン・ジョアン派が争いはじめます。

内戦がはじまった当初、カスティーリャ軍とレオノール派が優勢でした。カスティーリャ軍は1384年5月から約4カ月のあいだ、ドン・ジョアン派が立てこもる首都リスボンを海と陸から包囲します。しかし、陣営内でペストが流行したため、カスティーリャ軍はやむなく撤退しました。

1384年4月、ポルトガルの将軍ヌノ・アルヴァレス・ペレイラが南部から侵入してきたカスティーリャ軍をアレンテージョで打倒すると、戦いはポルトガル軍が優位となっていきます。

翌年5月、コインブラで開かれたコルテスによって、ドン・ジョアンが国王に選ばれ、即位し、ジョアン1世となりました。こうして、ジョアン1世を初代とするアヴィス朝がはじまったのです。

知れば知るほどおもしろいポルトガルの偉人❷

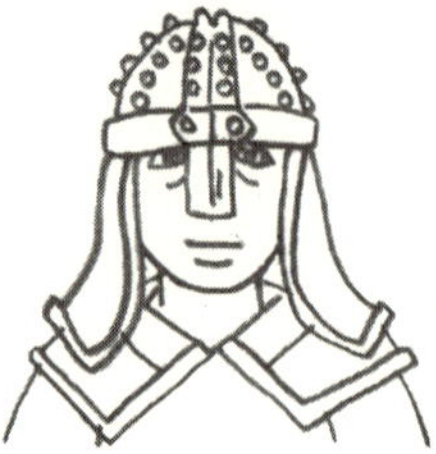

リスボン征服の英雄

マルティン・モニス

Martim Moniz

(?〜1147)

体を張って城門を開けた騎士

マルティン・モニスは、1147年のリスボン攻防戦で活躍した伝説的な騎士です。

モニスは初代ポルトガル王アフォンソ１世に仕え、ムーア人が支配していたリスボンの城攻めに参戦します。その際、城門が閉じられるのを防ぐため、彼はみずからの体を門に挟むことにより、軍が城内に侵入できるようにします。その結果、ポルトガル軍はリスボンの征服に成功したとされています。ただし、このエピソードを裏づける記録は存在せず、後世に創作された逸話である可能性もあります。

17世紀には、モニスが絶命したサン・ジョルジェ城の門の近くに彼の胸像が設置され、その勇気を称える碑文が刻まれました。現在、城の最寄り駅であるマルティン・モニス駅には、城門に挟まる彼の姿を駆けこみ乗車のように表現した彫刻も設置されています。

chapter 3

大航海時代の最中で

カスティーリャ王国との和平

アヴィス朝がはじまったあとも、カスティーリャ国王ファン1世はポルトガルの併合をめざしており、1385年8月に大軍を率いてふたたびポルトガルに侵入します。ジョアン1世はイギリスの援助を得て、アルジュバロッタの戦いでカスティーリャ軍を打ち破りました。この戦いで、アヴィス朝の独立とジョアン1世の王位が確実なものとなります。しかし、ファン1世は敗戦後もポルトガル王位をあきらめませんでした。

そこでジョアン1世は1386年、イギリスのランカスター公ジョン・オブ・ゴーントと同盟条約であるウィンザー条約を結びます。そして、彼の娘フィリパと結婚し、イギリスとの結びつきを強めることで、カスティーリャに対抗しようとしました。

その一方で、ジョアン1世は国内の貴族に対抗するため、法学者のジョアン・ダス・レグラスなどを登用して国内の官僚機構を整備し、中央集権化（行政の権限を中央政府に一元化すること）を進めます。しかし、経済危機を抜け出すためには、国内の産業や交易による収入だけでは不十分でした。

1390年、ファン1世が死亡したことで、カスティーリャ王国との緊張関係が弱まり、1411年にはカスティーリャとの和平条約が結ばれました。

大航海時代のはじまり

ポルトガルでは、長いあいだ貴金属が不足していました。とくに金の不足が貨幣価値の下落を引きおこしており、地代収入に頼る貴族層や、外国と交易する商人は苦しんでいたのです。

この経済危機を克服する富を得るために、ポルトガルは北アフリカへの侵略を開始します。ムスリム地域である北アフリカへの進出は、ポルトガル人にとってはレコンキスタの延長であり、またイスラム教徒との戦いは神への奉仕でもありました。

ポルトガルは、まずモロッコの港町セウタをめざします。セウタはアフリカ奥地から運ばれてくる金の集積地で、周辺には豊かな穀倉地帯がありました。この地域を支配すれば、商人や貴族は貴金属の不足に対応できるだけでなく、新たな市場や領土を得ることができたのです。

1415年8月、ジョアン1世と3人の王子（長男ドゥアルテ、次男ペドロ、三男エンリケ）は、200隻の船に2万人の将兵という大艦隊を率いて、セウタを襲撃しました。セウタのイスラム教徒は不意を突かれ、ひと晩で降伏します。

このセウタ攻略は、ポルトガルの最初の海外進出で、ポルトガルだけでなくヨーロッパの大航海時代のはじまりとされています。

さらなる探検航海へ

ポルトガルはセウタを征服したものの、現地のイスラム教徒がはげしく抵抗したため、セウタの城壁より外の土地には領土を広げることはできませんでした。また、商人たちが求めていた金は、セウタを避けてほかの都市に流出したため、十分な量を獲得できませんでした。

そのため、ポルトガルは新たな領土と金を求めて、さらに探検航海を進めることになります。1420年、ジョアン1世は三男のエンリケ（航海王子）をキリスト騎士団の団長に任命し、海外進出の任務をあたえました。

エンリケはキリスト騎士団の人員と資金を投入し、当時のヨーロッパ人が到達していたカナリア諸島の先にあるボジャドール岬よりもさらに南をめざし、家臣に命じて新たな土地を発見するための航海を行わせました。

エンリケが航海を進めた動機のひとつが、キリスト教徒の国王であるプレステ・ジョアン（プレスター・ジョン）の国の発見です。彼はプレステ・ジョアンと連携し、ムスリム国家を挟み撃ちにするという野望をもっていました。

エンリケの家臣たちにより、1419年から1425年にかけてマデイラ諸島、1427年にはアソーレス諸島が再発見されます。これらの島で植民を行い、マデイラ諸島ではサトウキビの栽培がさかんになった結果、ポ

ルトガルの輸出商品として砂糖が重要なものになりました。

1433年、ポルトガルの独立を守り海外進出を成功させたジョアン1世が死亡し、長男のドゥアルテが国王となります。その後、カラヴェラ船や天文航法など航海術の発展のおかげもあり、1434年にはエンリケの家臣のジル・エアネスがボジャドール岬の迂回《うかい》に成功しました。

エンリケは、さらなる領土を求める貴族の要望に応えて、1437年にセウタに隣接するタンジール攻略を進めます。しかし、これは無謀《むぼう》な作戦だったため、ポルトガルは惨敗《ざんぱい》しました。

エンリケは弟のフェルナンドを人質にして、ポルトガル軍を退却させます。すると、イスラム軍はフェルナンドを帰すかわりに、セウタの返還を要求しました。しかし、エンリケがこれを無視したため、フェルナンドは殺害されます。

金、象牙、アザラシ

国王ドゥアルテが1438年に死亡すると、彼の息子がアフォンソ5世として即位しますが、幼かったため、女王のレオノールが摂政となりました。しかし、リスボンの民衆がレオノールに対して反乱を起こしたため、コインブラ公ペドロが摂政となります。ペドロはブルジョワの意見を取り入れ、経済開発と貿易拡大をめざし、１４４３年にエンリケにボジャドール岬以南の交易の独占権をあたえました。

エンリケは、ブランコ岬に近いアルギンに商館を建設します。アルギンでは、アフリカ奥地の金の採掘地と地中海をむすぶ隊商との接触に成功しました。

このころから、西アフリカ沿岸で象牙やアザラシを求め、アフリカ原住民を捕獲して売る奴隷貿易もはじまります。

その後もポルトガルは南方へ進出し、セネガンビアに、金の集散地として知られるトンブクトゥへ

西アフリカ海岸の地図

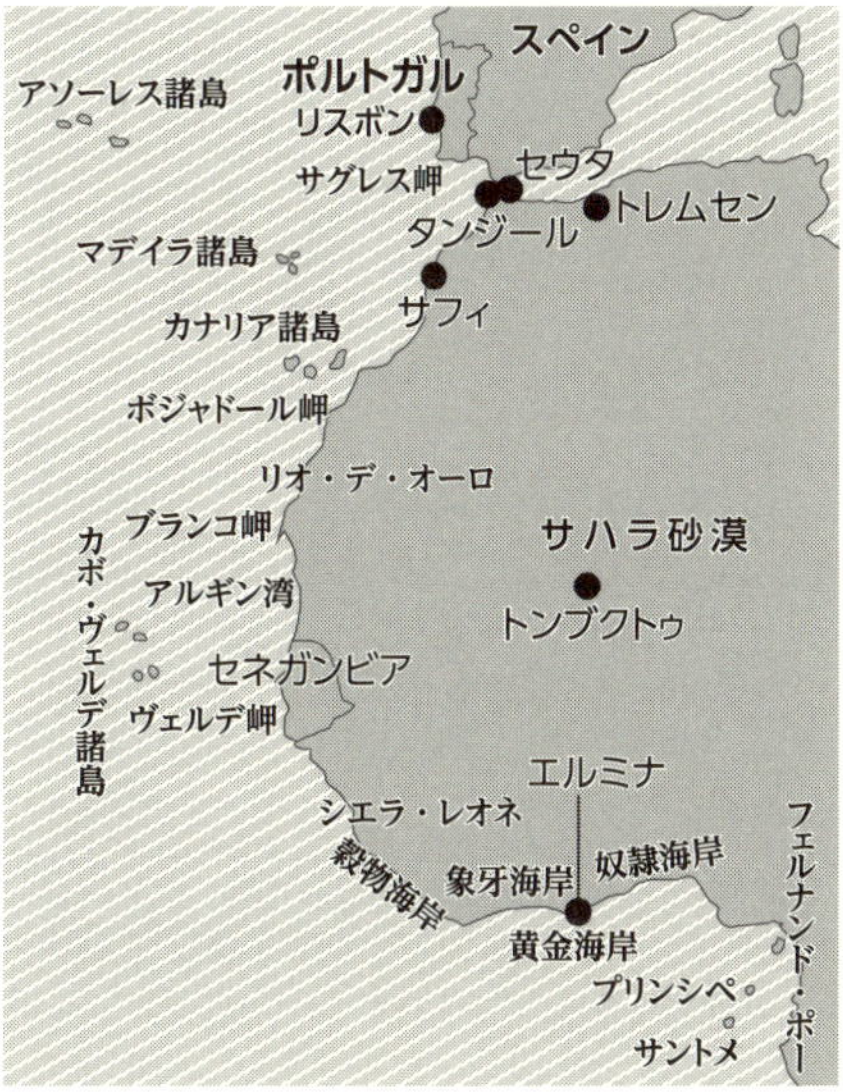

のルートを開拓しました。

1449年からアフォンソ5世はみずから政治を行うようになり、ペドロを摂政の座から退かせると、王室の探検航海の中断を命令しました。アフォンソ5世はブルジョワ寄りの商業開発よりも、カスティーリャの王位継承やアフリカの領土征服などに関心をもっていました。

1458年、アフォンソ5世はモロッコのアルカセル・セゲールを征服します。一方、西アフリカの探検航海と商業開発については、王室から委託された商人のフェルナン・ゴメスが進めていました。エンリケが死んだ1460年には、シエラ・レオネまで進出します。

1469年、スペインでは、アラゴン連合王国の王子フェルナンドと、カスティーリャ王国の王女イサベルが結婚しました。

1471年にはポルトガル人はギニア湾のミナ（エルミナ）に到達し、ここではじめて金の直接取引に成功しました。このルートの開拓により、ポルトガルは大西洋経由で金を調達できるようになったのです。

航海はつづく

アフォンソ5世は1471年にモロッコのアルジーラとタンジールを征服し、北アフリカのポルトガル領を拡大します。

1474年にフェルナン・ゴメスとの契約が終了すると、アフォンソ5世はアフリカとの交易を王室で独占し、王子のジョアンにアフリカの経済開発を任せました。

1479年、スペインでは「カトリック両王」と呼ばれたフェルナンドとイサベルが、アラゴン連合王国とカスティーリャ王国の共同統治者となり、スペイン王国（カスティーリャ・アラゴン連合王国）が誕生します。そして同年、アフォンソ5世はカトリック両王と両国の領土を確認するアルカソヴァス条約を結びました。

そのころ、日本では？

1471年、鹿児島湾の桜島が大噴火を起こし、多数の死者が出ました。以後数年間、噴火は断続的に続き、この文明大噴火によって、沖小島《おこがじま》と烏島《からすじま》が形成されます。ちなみに、桜島は長年、文字通り島でしたが、大正時代の噴火で大隅《おおすみ》半島と陸続きになりました。

この条約で、ポルトガルはマデイラ諸島とアソーレス諸島の領有を認められます。スペインは、カナリア諸島の領有と、イベリア半島に残っていたイスラム勢力であるナスル朝グラナダ王国の征服が認められました。また、両国の活動範囲として、カナリア諸島より南側をポルトガル、北側をスペインとすることが定められます。

1481年、アフォンソ5世の死去により、ジョアンがジョアン2世として国王の座に就きました。ジョアン2世は、有力貴族の所領を没収するなど王権の強化を進めます。また、宮廷控訴院を設立し、それまで領主が担っていた裁判権を王のもとに集めました。ジョアン2世は、以前から取り組んでいたアフリカの経済開発をさらに進め、ミナにサン・ジョルジェ・ダ・ミナ商館を建設させます。

この商館は要塞を兼ねた砦《とりで》でもあり、ギニア湾沿岸の金取引でフランス人やカスティーリャ人など外国人の侵入を防ごうとしました。ちなみに、ヨーロッパ人がアフリカに建設した最初の本格的な砦です。サン・ジョルジェ・ダ・ミナ商館を拠点に、毎年約800キロの金がポルトガルに送られました。

探検家のディオゴ・カンは、1482年からジョアン2世の命令を受け、サンタ・カタリーナ岬から南の探検を行い、1483年にはコンゴ川にまで到達しました。

このころ、ポルトガルに移り住んで航海術を学んだジェノヴァ出身の探検家コロンブス（クリストバル・コロン）は、西回りでインドに到達する計画をジョアン2世に進言しています。しかし、ジョアン2世は、アフリカ南端を迂回し、東回りでインドに到達する航路の開拓計画を進めていたため、コロンブスの提案を受諾しませんでした。

コロンブスは1485年に隣国スペインにわたり、イサベルに西回り航路のアイデアを進言しています。

スペインとの勢力圏争い

ジョアン2世は、1487年にバルトロメウ・ディアスをアフリカ南端の探検に送り出します。その一方で、陸路でのインド交易ルートを開拓するために、ペロ・ダ・コヴィリャンとアフォンソ・デ・パイヴァを中東に派遣しました。

1488年には、ディアスがアフリカ南端の岬の迂回に成功します。ディアスはこの岬を「嵐の岬」と呼びましたが、ジョアン2世はインドへの道が開かれたとして「喜望峰」と命名しました。ディアスはさらに東へと進もうとしますが、乗組員の反対があったため、帰国しています。

1492年1月、スペイン王国は、ようやくナスル朝グラナダ王国を降伏させました。スペインはポルトガルに243年も遅れて、レコンキスタを完了させたことになります。同年8月、コロンブスはイザベラの支援を受け、西回りでのインド到達をめざして出航しました。同年10月、コロンブス一行は未知の島に到達し、サン・サルバドル島と名づけます。

コロンブスは、サン・サルバドル島は「インディアス（インド）」の一部であると信じましたが、じつはアメリカ大陸の一部でした。

その後、帰国途中でリスボンに立ち寄ったコロンブスは、ジョアン2世に新発見について報告します。この報告を受けたジョアン2世は、インディアスがアルカソヴァス条約で定めたポルトガルの領海にあるとして、スペインのカトリック両王に抗議しました。

ポルトガルとスペインの勢力圏をめぐる争いに、ローマ教皇アレクサンデル6世が仲裁役として介入します。アレクサンデル6世は、1493年、カボ・ヴェルデ諸島から

大航海時代のポルトガル領とスペイン領

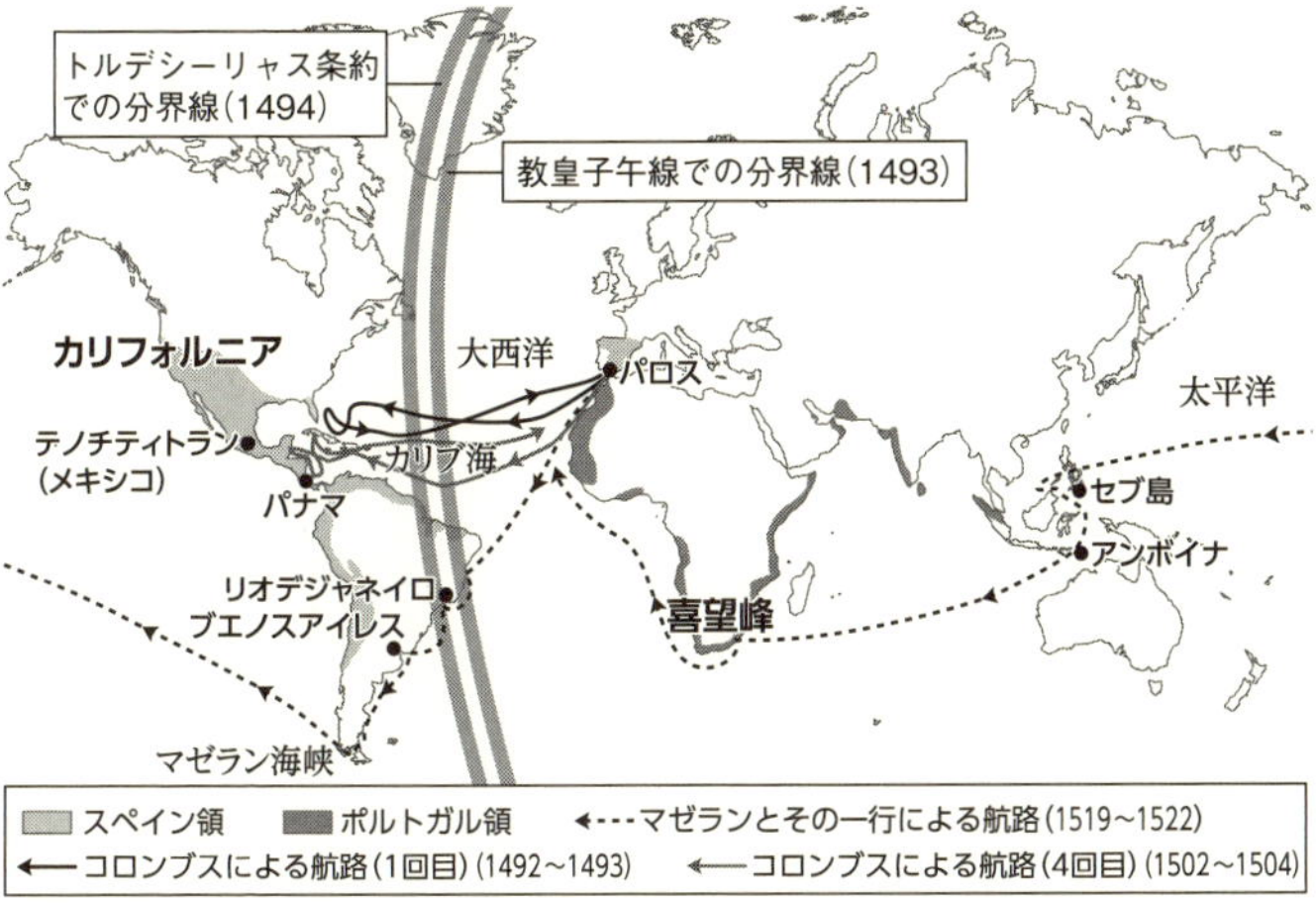

１００レグア（約５６０キロメートル）の経線を境界として、西をカスティーリャ、東をポルトガルの領域主権がおよぶ地域とする調停案をまとめました。この境界を「教皇子午線」と呼びます。

しかし、ジョアン2世はこの教皇子午線を不満とし、ローマ教皇の仲介なしに直接スペインとの交渉を進めました。

その結果、１４９４年にカボ・ヴェルデ諸島から３７０レグア（約２０７２キロメートル）の経線を境界として、西をカスティーリャ領、東をポルトガルの排他的支配領域とするトルデシーリャス条約が締結されます。

イベリア統一の夢

当時のポルトガルの関心はインドだけではなく、北方や西方にも向けられていました。

15世紀末、ジョアン・ヴァス・コルテ・レアルとアルヴァロ・マルティンス・オーメンは、グリーンランドあるいはニューファンドランド島に到達したと考えられています。

また、ジョアン・フェルナンデス・ラブラドールは、1495年から1498年にかけてラブラドール半島に到達したとされています。

北方海域の開拓により、ポルトガルではタラ漁がさかんになりました。タラの塩漬けの干物である「バカリャウ」は、安価で保存できる期間が長いた

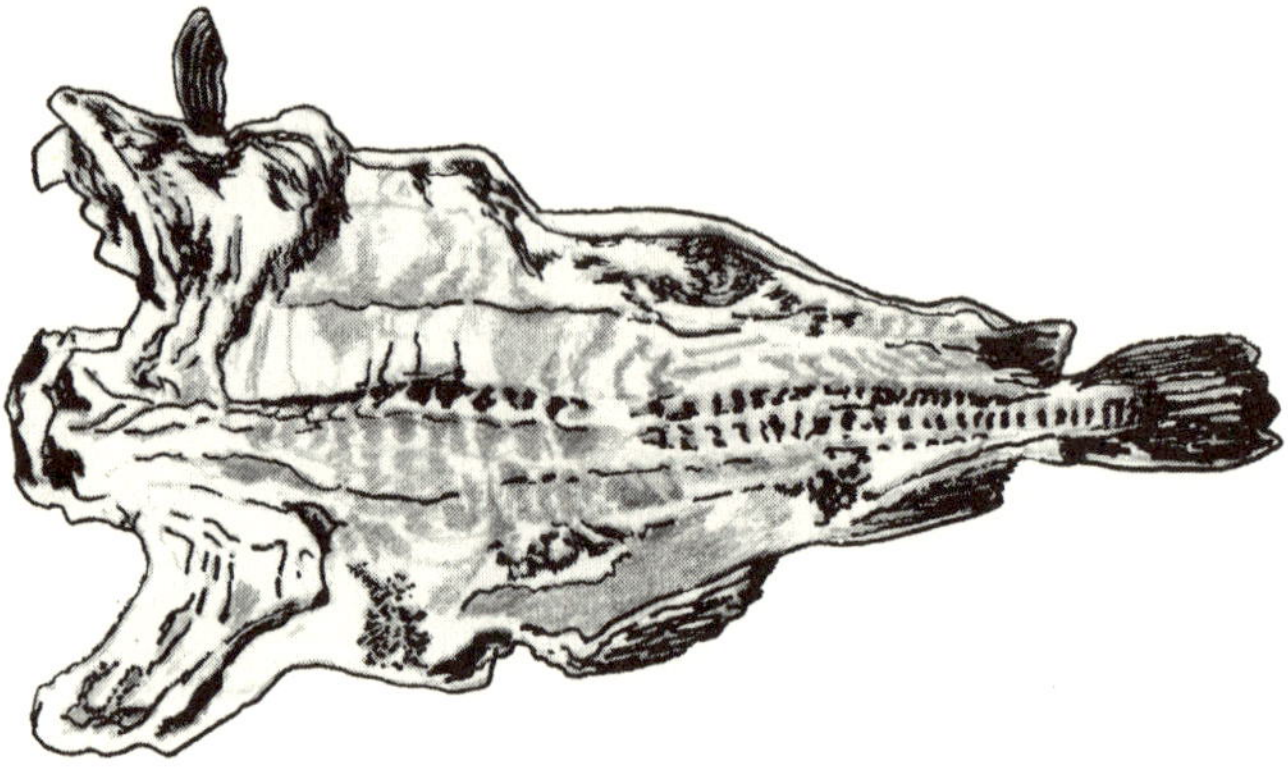

め、ポルトガル人の重要なタンパク源となります。

1495年、ジョアン2世はインド到達を見届けることなく、死去しました。その後、ポルトガル国王に即位したマヌエル1世は、キリスト騎士団長職を手中におさめ、キリスト騎士団が海外にもつ領土をすべて国王の支配下に置きます。

マヌエル1世は野心家で、イベリア半島をみずからの手で統一したいという野望をもっていました。そのために、まずマヌエル1世はカトリック両王のイサベルの娘イサベルに求婚します。

このとき、スペインから求められた結婚の条件は「ポルトガル在住のユダヤ教徒の追放」でした。この条件をはたそうと1497年、マヌエル1世はユダヤ教徒をキリスト教徒に無理やり改宗させました。

ところが結婚の前にイサベルが死んだため、マヌエル1世の野望も果たせずに終わりました。このとき、ユダヤ教からキリスト教に改宗した人びとを「新キリスト教徒（コンベルソ）」と呼びます。彼らは従来のキリスト教徒と区別され、さまざまな差別を受けました。

ヴァスコ・ダ・ガマとカブラルの航路

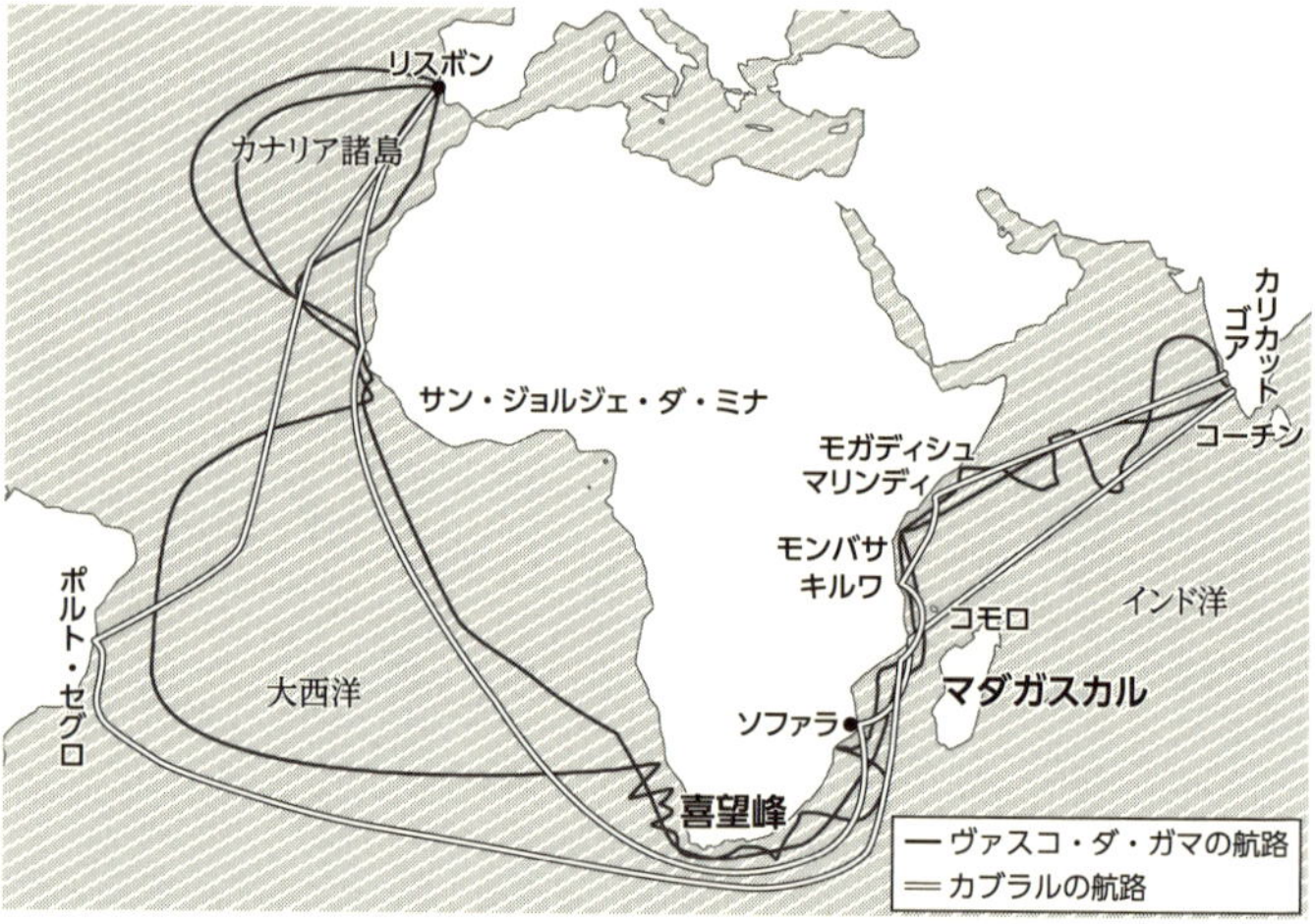

インド到達、ブラジル「発見」

マヌエル1世は1497年7月、ヴァスコ・ダ・ガマ率いる船団をインドに向けて送り出します。船団は11月に喜望峰を越えてインド洋に入り、翌年5月に、インド南西部の港町カリカット（コジコーデ）に到達しました。

このとき、船団はポルトガル人に敵対するイスラム商人による妨害を受けながらも、少量の胡椒《こしょう》を手に入れて、リスボンにもどります。このインド航路の開拓はポルトガルのみならず、ヨーロッパ人にとって大きなできごとでした。

ヨーロッパ人は、それまでヴェネツィア商人がイスラム商人から買っていた胡椒を、直接インドで買いつけることができるようになったのです。これ以降、ヨーロッパの貿易の中心は地中海から大西洋に移っていきます。

1500年3月、ペドロ・アルヴァレス・カブラルの率いる12隻からなる第二次インド船団が派遣されました。船団は航海中、南大西洋を大きく西に進み、同年4月、ブラジルに到達します。カブラルはトルデシーリャス条約に従い、この地をポルトガル領としました。

カブラルの一団はしばらくブラジルに滞在したのち、ふたたびインドに向けて航海を続け、ついに9月、カリカットに到着します。カブラルはマラバル地方の小王国どうしの対立を利用し、カリカットに敵対するコーチン(現在のインド南西部ケララ州の都市コチ)の王と手を組み、1502年に商館を設置することに成功しました。

一方、ポルトガル領となったブラジルでは、先住民族が狩猟採集生活を営んでいました。ここでは金や胡椒がとれなかったため、ポルトガル人は関心をもたず、インドとの交易を重視します。

ただし、この土地には赤の染料剤になる「パウ・ブラジル（蘇芳《すおう》）」という木が自生しており、輸出品として注目されました。パウ・ブラジルを産する土地として、ブラジルという名前が定着します。

1502年、国王はパウ・ブラジル貿易を独占し、リスボンの商人フェルナン・デ・ノローニャに開発権を譲渡しました。

ポルトガル人はブラジルの先住民族であるトゥピ族やグアラニ族と接触し、パウ・ブラジルの伐採と船積みを委託します。その報酬は安価でしたが、先住民には欲がなかったため、ポルトガル人との関係は良好でした。

アジアにおけるポルトガルの勢力図

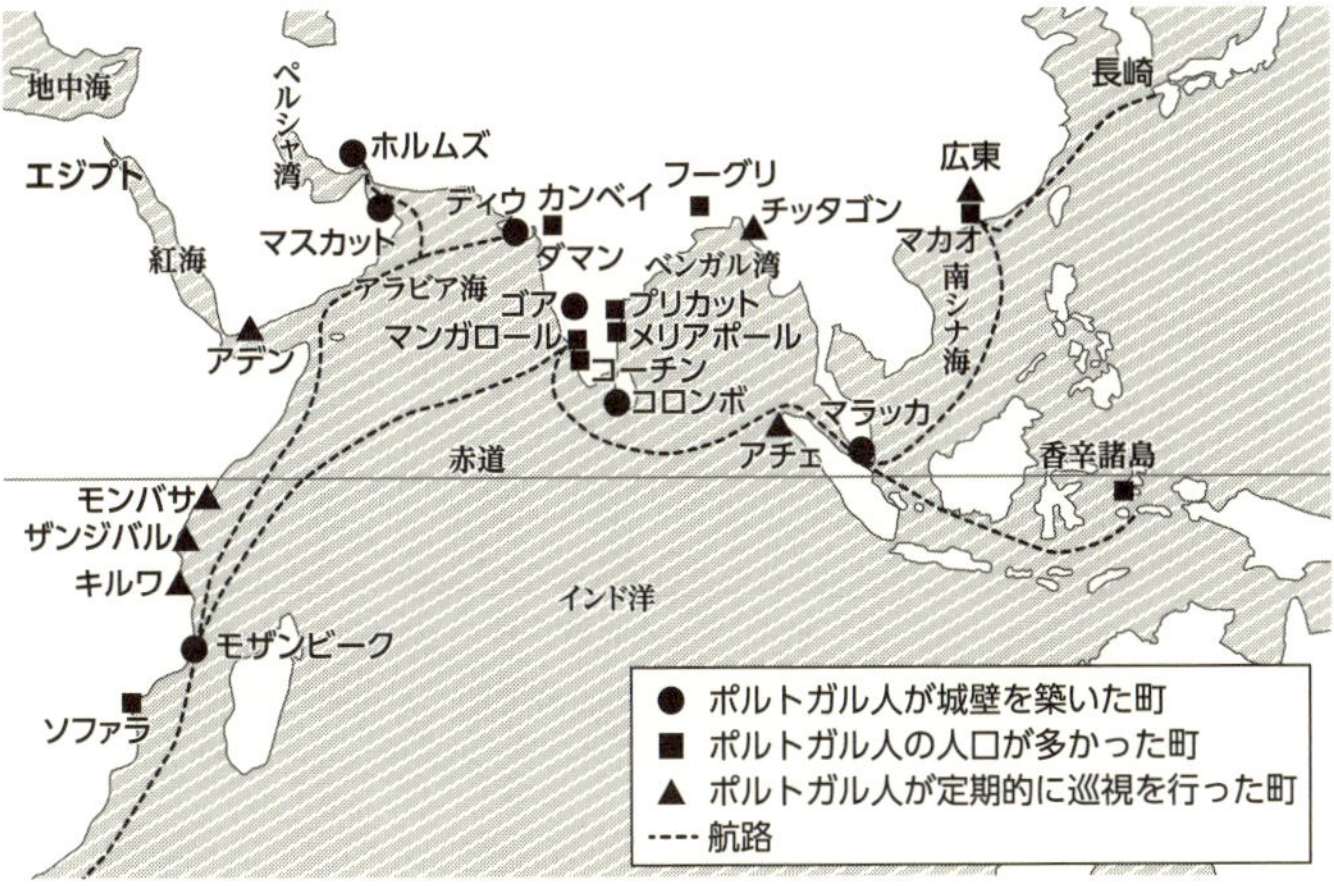

海洋帝国ポルトガル

香料貿易の拡大をめざすポルトガルにとって、インド洋交易を支配するムスリム商人は邪魔な存在でした。

マヌエル1世は、フランシスコ・デ・アルメイダをインド総督（副王）に任命すると、インド洋の制海権を確保するように命じます。1505年からアルメイダは1500人の兵士と21隻からなる艦隊を率い、インド洋の諸地域に向かいました。

1506年には、東アフリカのソファラ（現在のモザンビークのノヴァ・ソファラ）、キルワ（現在のタンザニアのキルワ）、インドのカナノール（現在のインド南西部ケララ州北部の港町）を征服し、コーチンをポルトガルの保護領として、要塞を築きました。

また同年、マヌエル1世は胡椒交易を国王が独占することを決め、リスボンに置かれたインド商務院に管轄させました。インド商務院は、世界各地から送られてきた商品を独占的に卸《おろ》すほか、世界各地のポルトガル商館の商務員など人員を任命しました。

1509年2月、アルメイダはインド西部にあるディウ沖の海戦で、ヴェネツィアの支援を受けたエジプトの艦隊と戦って勝利しました。

同年11月、アフォンソ・デ・アルブケルケがインド総督に就任します。アルブケルケは陸上の要塞を強化し、1510年にインド中西部の沿岸都市のゴア、1511年に東アジアへの入り口にあたる港町のマラッカ（現在のマレーシア南西部）を征服します。

1512年には、アルブケルケの命令を受けたフランシスコ・セランが、モルッカ諸島（現在のインドネシア・マルク諸島）のひとつであるテルナーテ島に到達しました。この島は、当時希少だった丁子《ちょうじ》（クローブ）とニクズク（ナツメグ）の産地です。

さらに、1515年アルブケルケはペルシア湾の要衝で、インド洋最大の交易都市だったホルムズを征服しました。

こうしてポルトガルは短期間のうちに、インド洋を中心とする香料交易の支配に成功します。当時のポルトガルは「ポルトガル海洋帝国」とも呼ばれ、「タラッソクラシア(海を支配すること)」によって成立していました。帆船と大砲によって制海権を確保しており、広大な領土を占領することなく、重要都市だけを支配することで貿易を独占していたのです。

1517年には、マラッカから中国にポルトガルの使節が派遣され、東アジア貿易にも乗り出します。香料交易のもたらす富によって、リスボンは繁栄しました。ヨーロッパ各地から国際商人がリスボンに集まり、ポルトガルの編成する貿易船に投資しました。マヌエル1世は、テージョ川に面した壮麗な王宮を建設します。

強くなる国王の力

海外貿易での収入をもとにして、マヌエル1世はポルトガルの絶対王政化を進めました。まず、有力貴族を官僚に取りこみ、国王に抵抗する勢力の力を弱めます。王権が強まると、コルテスを召集する必要もなくなりました。

さらに、地方の自治共同体（コンセーリョ）ごとにことなっていた法律の統一を図るとともに、自治共同体の権限を縮小します。1512年にはマヌエル法典を編纂《へんさん》し、ポルトガル全土の法律をひとつにまとめようとします。

また、海外交易では、インドとの香料交易だけでなく、アジアでの地域間交易にも参入しました。グジャラートの綿織物、マラバル地方の胡椒、ホルムズの馬、セイロンのシナモン、中国の陶磁器や絹織物などがおもな商品で、インド洋を中心とする40近い商館で取引されました。

スペインとの対立

ポルトガルが海外進出する一方、スペイン国王カルロス1世の命を受けて西回りでの香辛料諸島発見の航海を行っていたマゼラン一行は、1521年3月にフィリピンへ到達し、事実上の世界一周を達成しています。

マゼランはマクタン島で原住民との戦いで死亡しますが、航海をつづけた部下たちが

11月にモルッカ諸島のひとつであるティドール島に到達しました。これによって、ポルトガルとスペインはモルッカ諸島の領有をめぐって対立することになります。

1521年12月にマヌエル1世が亡くなると、息子のジョアンが19歳でジョアン3世として王位を継承しました。1525年、ジョアン3世は神聖ローマ皇帝カール5世（スペイン王カルロス1世）の妹であるカタリーナと結婚します。

1527年から1532年にかけて、ポルトガルで初の国勢調査が行われました。この調査によると、ポルトガルの世帯数は約28万戸で、人口は約140万人と見積もられています。そのうち、リスボンの人口は、約6万5000人です。

1529年、モルッカ諸島をめぐって対立していたポル

そのころ、日本では？

世界遺産にも登録されている島根県の石見《いわみ》銀山が、本格的に開発されたのは、1527年のこととされています。開発したのは博多の商人の神屋寿禎《かみやじゅてい》で、以降、石見銀山は日本最大の銀山となり、最盛期には世界の銀の約３分の１を産出するほどとなりました。

トガルとスペインのあいだでサラゴッサ協定が結ばれ、カルロス1世は35万ドゥカートで領有権をポルトガルに譲りわたしました。

カピタニア制、スタート

一方、ブラジルではパウ・ブラジルが大きな利益になると、ブラジル沿岸部にフランス人がやってきて、勝手にパウ・ブラジルを伐採するようになります。フランス人は、トルデシーリャス条約を認めていませんでした。

これに危機感を覚えたジョアン3世は、ポルトガル人をブラジルに植民させ、支配を強化しようとします。ジョアン3世は、マルティン・アフォンソ・デ・ソーザをブラジルに派遣し、サンパウロに近い島のひとつサン・ヴィセンテの土地をあたえました。

1532年、ソーザは砂糖生産をブラジルの基幹産業とすることを決定します。そして彼は400人の入植者とともに再度ブラジルにわたり、サン・ヴィセンテに集落をつくり、サトウキビの栽培をはじめました。

1534年には、カタピニア制と呼ばれる植民地開拓方式が採用されます。これは、国王から土地をあたえられた領主（カピタン）がみずから開発し、防衛する制度です。
そして、ブラジルは15のカピタニアに分割され、国王の家臣にあたえられます。

カピタニア制、失敗

カピタニア制が導入されたものの、先住民との関係が良好だったサン・ヴィセンテなどをのぞき、ほとんどの地域で失敗に終わります。

多くのカピタンは、広大な土地を開拓するために必要な多額の資金をもっていませんでした。

さらに現地の先住民による襲撃もあったため、カピタニア制にもとづいた開拓がうま

15のカピタニア

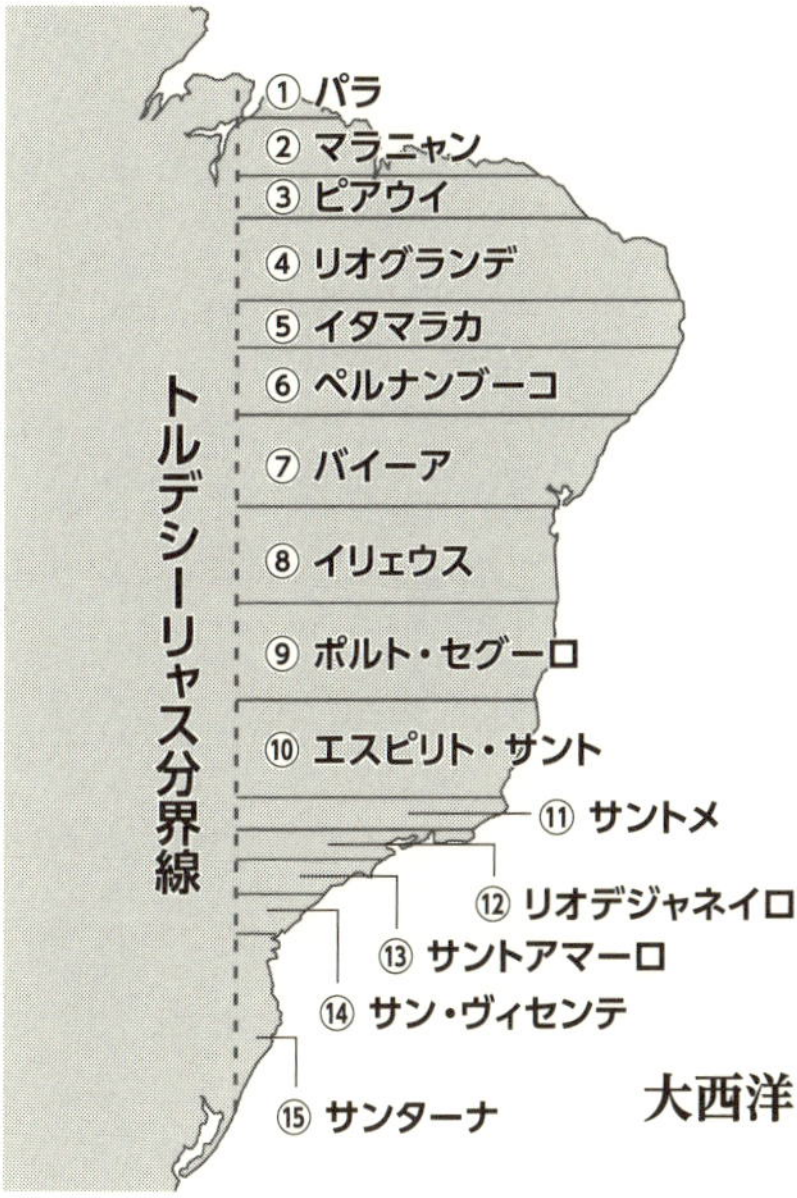

くいかなかったのです。

このように、民間人が主体のカピタニア制が失敗したため、ポルトガルは政府が主体となった開発に乗り出します。

1548年、国王直属の代理人が統治する総督制の導入が決定され、翌年には初代総督としてトメ・デ・ソーザが1500人の入植者を引きつれ、ブラジルにわたりました。

本国では、1536年にジョアン3世は異端審問所を設置します。ジョアン3世は熱心なキリスト教徒で、純粋なキリスト教徒の国をつくるという理想をもっていました。設置の理由のひとつが、隠れユダヤ教徒を摘発し、キリスト教の純粋性を守ることでした。先代のマヌエル1世によって強制的にキリスト教徒に改宗させられたユダヤ教徒（新キリスト教徒）のなかには、その後もユダヤ教を信じつづけている人がいたのです。

ポルトガルの人びとにとって、新キリスト教徒の存在は脅威でした。政治家や大学教授、神父といった職業にユダヤ教徒が入りこむことによって、伝統的な特権が脅かされたと感じたのです。当時のポルトガル人は、ユダヤ人を差別する意識をもっていました。

ジョアン3世の異端審問所設置の布告の結果、国際商業に携わる新キリスト教徒は身の危険を感じ、国外への脱出をはじめました。

彼らはアムステルダムに移住し、オランダの海外貿易に貢献していくことになります。

ジパングに到達！

ヴァネツィアの商人マルコ・ポーロが13世紀末にアジアを旅した記録である『世界の記述（東方見聞録）』のなかには、黄金の国ジパングについての記述があり、ヨーロッパの冒険家は東方の国ぐににあこがれをもっていました。

ただし、ポルトガル人によってアジアのさまざまな情報が集められると、ジパング（現在の日本）は「黄金の国」どころか、とくに産物にも恵まれない島国だという認識が広まります。

1543年に、3人のポルトガル人を乗せた中国の船が

そのころ、日本では？

15世紀なかばの日本は内乱状態で、16世紀なかばには室町幕府の力が衰えると、有力な戦国大名がたがいに抗争をくりひろげます。1542年には武田晴信《たけだはるのぶ》が諏訪《すわ》氏を滅亡に導いたほか、織田信秀《おだのぶひで》が今川義元《いまがわよしもと》を破った小豆坂《あずきさか》の戦い（1回目）や第一次月山富田城《がつさんとだじょう》の戦いなどがありました。

種子島に上陸します。そこで、ポルトガル人は鉄砲を日本人に売却しました。その後、鉄砲は「種子島」と呼ばれ、戦国時代の日本で急速に普及し、戦国時代の合戦で積極的に使用されることになります。

ちなみに、ポルトガルでは日本を発見したのは1542年とされています。この接触をきっかけに、日本とポルトガルのあいだで交流がはじまったのです。

日本との貿易

種子島にポルトガル人が漂着してから6年後の1549年8月、イエズス会のフランシスコ・ザビエルが鹿児島に上陸して、キリスト教の布教を開始します。1551年にザビエルがインドに移動したあとも、アレッサンドロ・ヴァリニャーノやルイス・フロイスなどの宣教師たちが布教活動をつづけました。

ポルトガルと貿易をはじめた日本では、貿易とキリスト教の布教が一体化して広がります。ポルトガル人やスペイン人を南蛮人と呼んでいたことから、日本ではこれらの国ぐにとの交易を南蛮貿易といいました。

九州では、ポルトガル商人との貿易を望む大名たちが領内での布教を認めたため、ポルトガル船の来航が活発になります。

大村（現在の長崎県）の領主だった大村純忠《おおむらすみただ》は、1563年にキリスト教に入信して洗礼を受け、日本初のキリシタン大名となりました。1571年には長崎港を開港し、ポルトガル船を受け入れます。

南蛮貿易では、ポルトガル商人が絹織物、鉄砲、火薬、ガラス、時計などを日本へ持ちこみ、日本は中国産の生糸を輸入し、銀を輸出しました。そのほかにも、硫黄や漆器、刀剣なども輸出しています。

ひみつコラム

ポルトガルの世界遺産

ポルトガルが誇る建築の至宝

ポルトガルには16の文化遺産と自然遺産がひとつあります。観光地として人気なのが、「リスボンのジェロニモス修道院とベレンの塔」です。ここにある建物の様式は、15世紀末から16世紀初頭のポルトガルで発展したマヌエル様式で、その名称は当時のポルトガル王であるマヌエル1世に由来します。ゴシック建築を基調としながら、海洋モチーフや東洋の影響を受けた豪華な装飾などを取り入れています。

ジェロニモス修道院は、ヴァスコ・ダ・ガマのインド航路発見を記念して建てられました。テージョ川河口に立つベレンの塔は、リスボンを守る要塞や航海の出発点として重要な役割を果たしました。これらは、大航海時代を象徴した貴重な歴史的建造物です。

ポルトガル発祥の地ポルトは、「ポルトの歴史地区」として街一帯が世界遺産に登録されています。ポルトは、古くから商工業都市としての側面をもち、ポートワインの積

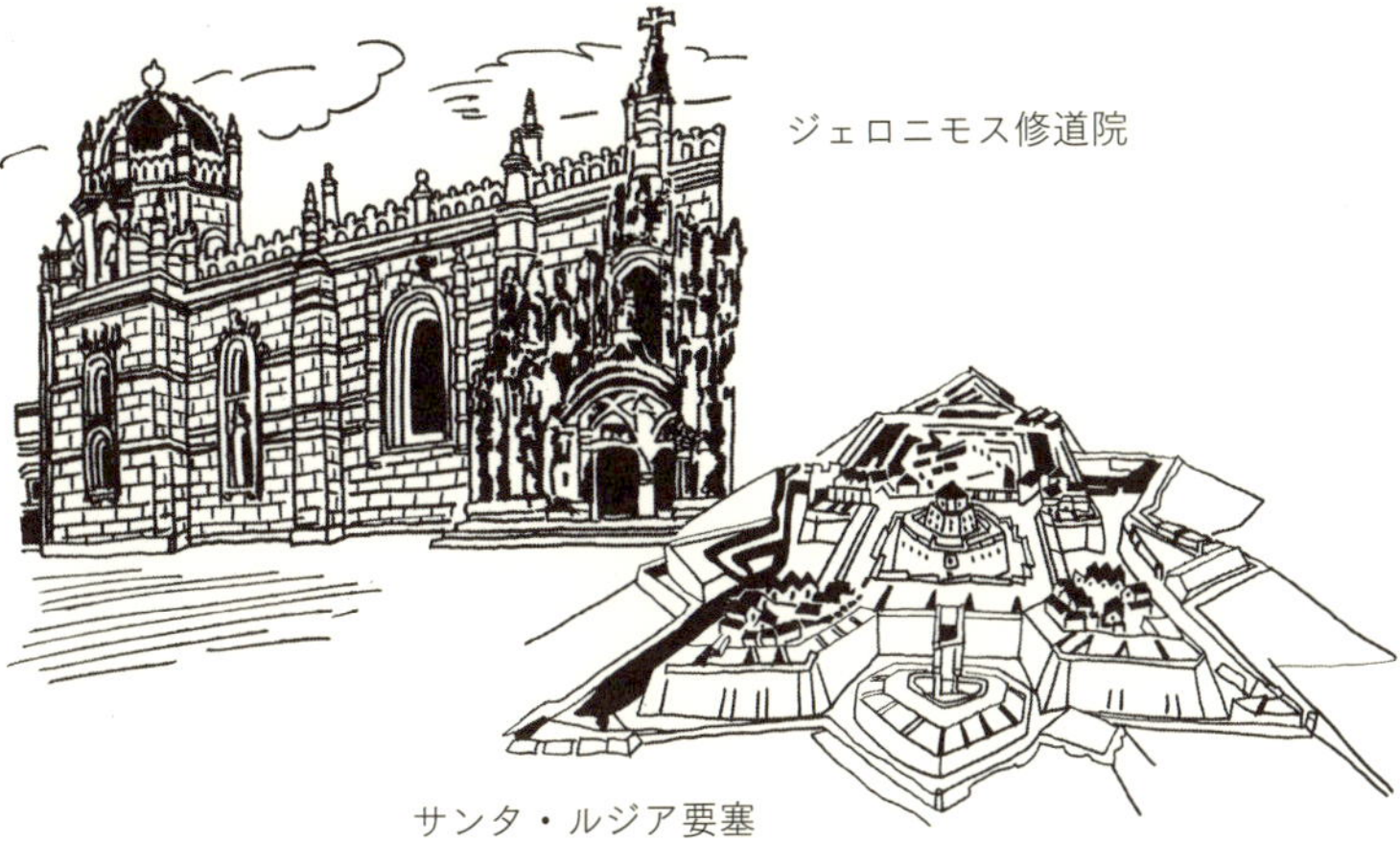

ジェロニモス修道院

サンタ・ルジア要塞

出港としても栄えました。その水路として重宝されたドーロ川沿いにある旧市街には、ロマネスクやゴシック、バロック、ネオクラシックなどの様式の建築物が混在しています。

スペインとの国境沿いにある「国境防備の町エルヴァスとその要塞群」は、かつて町全体が要塞として機能し、城壁や堀などが複雑に張りめぐらされています。国境を守る重要な役割を果たし、それらの防御システムは17世紀では最先端の軍事建築技術で造られたものでした。

エルヴァスの南方にあるサンタ・ルジア要塞は、北海道にある五稜郭と同じ星形の要塞で、現在はその内部が軍事博物館となっています。

知れば知るほどおもしろいポルトガルの偉人③

インド航路を開拓した航海者

ヴァスコ・ダ・ガマ

Vasco da Gama

（1460？～1524）

海洋帝国の基礎を築いた探検家

ヴァスコ・ダ・ガマについての資料はとても少なく、18世紀のリスボン大震災の影響で失われたとされています。

彼はポルトガル中南部のアレンテージョ地方で生まれ、港町で育ったため、若いころから航海の知識を身に着けていたといわれています。

ガマは生涯に３回、インドへ航海しており、１回目は1497年に東回りでインドをめざし、1498年にカリカット（現在のコジコード）に到達しました。この航海では香辛料の調達に苦しみましたが、1502年からの２回目の航海では、軍事力で交易を成功させます。

３回目の航海でもインド洋の支配を強化しますが、このころから病気がちとなり、インドのコーチンで亡くなります。その後、遺体は母国に送還され、現在はジェロニモス修道院に安置されています。

chapter 4

フィリペ朝の時代

衰退する貿易

リスボンに莫大な利益をもたらしていたインドの香料貿易は、16世紀なかば以降、衰退しはじめていました。貿易をつづけるための要所の防衛や艦隊の保有に費用がかかりすぎていたのです。財政的な負担に悩まされていたジョアン3世は、北アフリカの都市から撤退することを決めます。

ジョアン3世はキリスト教の布教に熱心で、すでに1542年、イエズス会士のザビエルをインドに派遣して布教活動をさせていました。1549年には、マヌエル・ダ・ノブレガをブラジルに派遣し、先住民の布教にあたらせました。

1557年にジョアン3世が亡くなると、孫のドン・セバスティアンがセバスティアン1世として3歳で即位します。セバスティアン1世は、幼いころから戦争と宗教に強い興味を示していました。

1568年には、セバスティアン1世がみずから政治を行うようになります。彼は、キリスト教勢力が聖地エルサレムをイスラム勢力からとりもどすための十字軍を派遣する準備をしながら、ジョアン3世が撤退させた北アフリカの都市への遠征の機会をうかがっていました。

インド洋での交易の衰退に加えて、国内では王室が貿易を独占しており、役人の汚職が多くなります。これを受けて、1570年にポルトガル王室はインド洋での香辛料交易の独占をあきらめ、民間の商人との契約制に変更しました。

また、同年にはイエズス会の意向をふまえ、セバスティアン1世はブラジルの先住民の奴隷禁止令を公布します。その結果、先住民を労働に使役できなくなったため、ブラジルの主要な産業になりつつあった砂糖を生産するための労働力が不足しました。

そこで、セバスティアン1世は、アフリカからの黒人奴隷の導入を積極的に進めることにします。農作業に慣れていない先住民よりも、黒人奴隷は労働生産性が高く、1570年代以降、ブラジルの砂糖生産は急速に発展していきました。

この発展は、広大な農地にひとつの作物のみ大量に栽培するプランテーションという方法を取り入れた結果、もたらされたものでした。16世紀末には、ブラジルの砂糖生産は世界最大規模にまで成長します。

こうしてブラジルでは、大土地所有制（ラティフンディオ）のもとで黒人奴隷が積極的に導入され、限られた産物を生産して輸出するというモノカルチャー経済に特化していきます。

アヴィス朝の断絶

モロッコでスルタンの地位を追われたムレイ・ムハマッドが、1578年にポルトガルに応援を求めてきます。これを受けて、セバスティアン1世はドイツ、イタリア、スペインの傭兵をふくめた約1万5000人の兵をみずから率いて、モロッコに上陸しま

断絶前のアヴィス朝の家系図

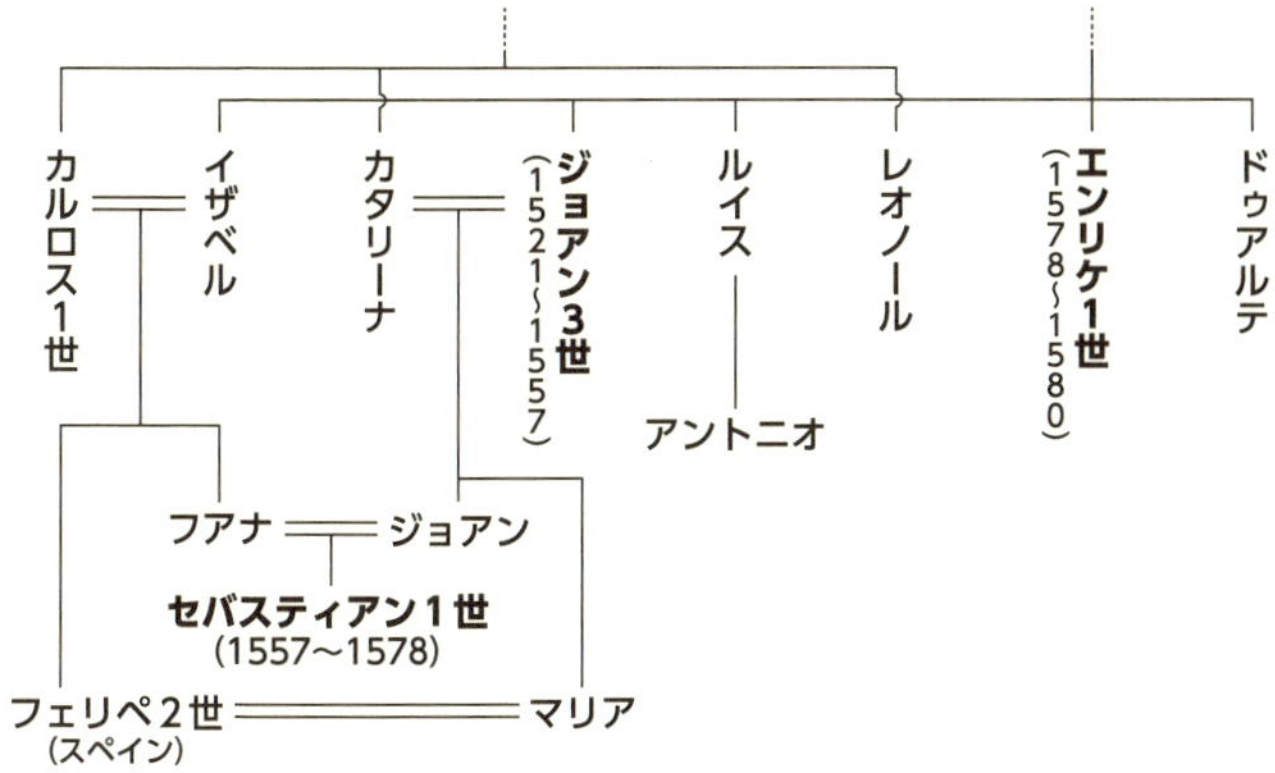

した。

　同年8月には、アルカセル・キビールで約5万人のイスラム軍と衝突しますが、ポルトガル軍にとって歴史的な大敗となり、セバスティアンは戦死します。多くの戦死者を出したこの戦いの戦費は、年間の国家収入のおよそ半分にあたる100万クルザードにおよびました。

　セバスティアンの死後、1578年にジョアン3世の弟がエンリケ1世として66歳で即位したものの、2年後に死去します。後継者の候補は、最終的に民衆の支持を得たクラト修道院長ドン・アントニオと、スペイン王のフェリペ2世にしぼられました。どちらも、ジョアン3世の甥《おい》にあたります。

すでに聖職者や貴族を買収していたフェリペ2世は、とくに戦争で困窮していた貴族たちを味方につけており、一方のドン・アントニオは民衆から支持されていました。

1580年、スペイン軍はアルカンタラの戦いでドン・アントニオの軍を破り、リスボンに入城します。こうして、約200年つづいたアヴィス朝は断絶し、フェリペ2世はポルトガルを支配下に置くという野望を実現します。

フィリペ朝のはじまり

スペイン王フェリペ2世は、1580年に召集されたコルテス（議会）でポルトガル王フィリペ1世を名乗りました。こうして、フィリペ朝がはじまります。

このころ、スペインは現在のオランダにあたるネーデルラントや南イタリアといったヨーロッパ地域やアメリカ新大陸、ポルトガルがかつて支配していたアジアやアフリカの一部を領有していました。

さらにポルトガルを併合した結果、ポルトガル本国だけでなく、ポルトガルの植民地などをふくめて、スペインは世界の膨大な地域を手に入れます。この時期のスペインは、領地のどこかでつねに太陽が昇っていることを意味する「太陽の沈まない国」と呼ばれるほど、広大な土地を手に入れていました。

ポルトガル王フィリペ1世は、25条の契約によってポルトガル人の自治を認めました。この契約では、ポルトガル王国の自由や特権、法律、慣習を重んじ、国内の問題はコルテスで審議すること、国の組織や軍隊などはポルトガル人が運営すること、ポルトガルの植民地の商業はポルトガル人だけに許すこと、ポルトガル総督と副王はポルトガル人か王室の人間に限ること、ポルトガル語やポルトガルの通貨を使用することなどが定められます。

フィリペ1世がポルトガル人に寛大な措置をとったのは、当時のスペインではアメリカ新大陸から大量の銀を手にしていて経済的な余裕があったことと、ヨーロッパ諸国にみずからの力を示すことを優先したためだとされています。また、ポルトガルとスペインとの国境で関税が撤廃され、ポルトガル人がスペイン帝国内で自由に行動できるようになりました。この措置は、ポルトガルの商人から歓迎されました。

1583年、フィリペ1世は甥のアルベルト・デ・アウストリア大公をポルトガル副王（総督）に任命し、評議会と協力しながら統治させることにしました。

天正遣欧使節とバテレン追放令

日本では、大村純忠などの九州のキリシタン大名が１５８２年、天正遣欧使節をローマに派遣します。４人の少年はいずれも13歳から14歳で、聖職者養成や初等教育を行うセミナリオから選ばれました。

この使節のおもな目的は、日本におけるこれまでの布教活動の成果を示し、日本での布教のさらなる支援をローマ教皇から得ることでした。また、少年たちにキリスト教が浸透した西洋世界のようすを帰国後に語らせ、布教に役立てようとしていたのです。

使節は長崎から出航し、中国のマカオなどを経て、１５８４年8月にリスボンに到着しました。同年11月にはスペインでフィリペ2世に謁見《えっけん》したのち、１５８５年3月に最終目的であるローマ教皇グレゴリウス13世に拝謁《はいえつ》します。

１５９０年7月に少年使節は帰国しますが、キリシタンをとりまく状況は大きく変わっていました。すでに１５８７年7月、豊臣秀吉がバテレン追放令を発令していました。

バテレンとは来日したカトリックの宣教師のことです。この追放令は、キリスト教を邪教《じゃきょう》として禁止し、宣教師たちを20日以内に国外追放するというものでした。

ただし、一般人の信教を許して南蛮貿易を推進したため、追放令の効果は中途半端でした。

オランダとの関係悪化

スペインは、1568年から北部ネーデルラントとの戦争（オランダ独立戦争または八十年戦争）を開始しました。この戦争の過程で、オランダは1581年にネーデルラント連邦共和国として建国を宣言します。

この戦争中も、ポルトガルはオランダと貿易をつづけていましたが、スペイン王でもあるポルトガル王フィリペ1世は、1585年にポルトガルの港からオランダ船の入港

そのころ、日本では？

天正遣欧使節が日本に持ち帰った活版印刷機により、日本では活字を使った出版活動がはじまります。日本イエズス会は、祈禱書《きとうしょ》、外国人宣教師のために翻訳された『イソップ物語』や『平家《へいけ》物語』などの読本《よみほん》、辞書などを印刷しました。これらの出版物は「キリシタン版」と呼ばれます。

を拒否します。ポルトガルの港に立ち寄ることができなくなったオランダは、香辛料を求めてアジアに目を向け、ポルトガルが支配してきた領域につぎつぎと進出しました。

それでも16世紀末には、ポルトガルの植民地ブラジルの砂糖生産は世界最大規模にまで成長していました。

1598年にポルトガル王フィリペ1世が亡くなると、息子のスペイン王フェリペ3世がポルトガル王フィリペ2世として即位します。フィリペ2世の治世では、スペインによるポルトガルの統治はきびしいものではありませんでした。ポルトガルの商人は活動できる領域が広がり、ポルトガルの貴族はマドリードの宮廷に仕えます。

同年、オランダはサトウキビの栽培がさかんなサントメ島、翌年にはプリンシペ島を攻撃します。それと並行してインドネシアのモルッカ諸島にも進出しました。

一方、1600年にイギリスが東インド会社を設立し、アジア各地の貿易を独占しようと動きはじめました。これに危機感を覚えたオランダは、1602年に世界初の株式会社ともいわれるオランダ東インド会社を設立し、アジアでの貿易を開始します。

オランダ東インド会社はモルッカ諸島からポルトガル勢を追い出し、1619年にはバタヴィア（現在のジャカルタ）を拠点にします。また、1621年には南北アメリカで貿易を行うオランダ西インド会社が設立されました。

オリバーレス伯公の改革

神聖ローマ帝国では、ボヘミア（現在のチェコ）でローマ教会から離脱した新教徒（プロテスタント）が、ボヘミア王フェルディナント2世によってカトリックの信仰を強制されたため、1618年にボヘミアで反乱を起こしました。これが三十年戦争のはじまりです。

この戦争でスペインはフェルディナント2世を支援し、プロテスタント側のフランスやオランダなどと対立することになります。

ポルトガル王フィリペ2世が1621年に亡くなり、スペイン王フェリペ4世がポルトガル王フィリペ3世として20歳で即位しました。そして、オリバーレス伯ガスパール・デ・グスマンが1622年に宰相に任命されます。

当時のスペインは、オランダ独立戦争やフランスとの三十年戦争をはじめとした複数の戦争の最中でしたが、アメリカ新大陸からの銀の流入が減少しはじめていたため、深刻な財政難に陥っていました。

オリバーレス伯公は財政難の解決と兵力の強化のために、カスティーリャの税の負担を軽くして、カタルーニャやポルトガルなどに対して増税や兵力負担を要求します。

さらに彼は、スペインの中央集権化と再編のために、フェリペ3世時代の汚職の追及、関税の撤廃や特権の廃止、ぜいたく品の禁止、国内産業の発展などの改革に取り組みました。しかし、重税や特権を廃止された貴族や富をもつブルジョワジーが反発したため、あまり効果がなく、改革は失敗に終わります。

フィリペ朝の終わり

ポルトガルは西アフリカをめぐってオランダと衝突し、1630年には植民地だったブラジル北東部を占領されました。1637年には、金や奴隷貿易の拠点だったサン・ジョルジェ・ダ・ミナ（現在のガーナ共和国のエルミナ）をオランダに奪われます。

ポルトガルの海外領土がつぎつぎに失われても、スペインはその防戦や奪回に手が回っていませんでした。そのため、ポルトガル国内ではスペインへの反感が高まります。1635年には、フランスが三十年戦争に介入してきたことにより、フランス・スペイン戦争がはじまっていました。

ポルトガル南東の都市エヴォラで、1637年、増税に反対した民衆の暴動が起こりました。ポルトガルよりカスティーリャを重視するスペインへの不満は、セバスティアニズモという思想と結びつき、ポルトガル南部のアレンテージョ全体に拡大します。この思想は、16世紀に戦死したセバスティアン1世がじつは生きていて、いつかポルトガルを救ってくれるという願望の表れでした。

フィリペ朝の家系図

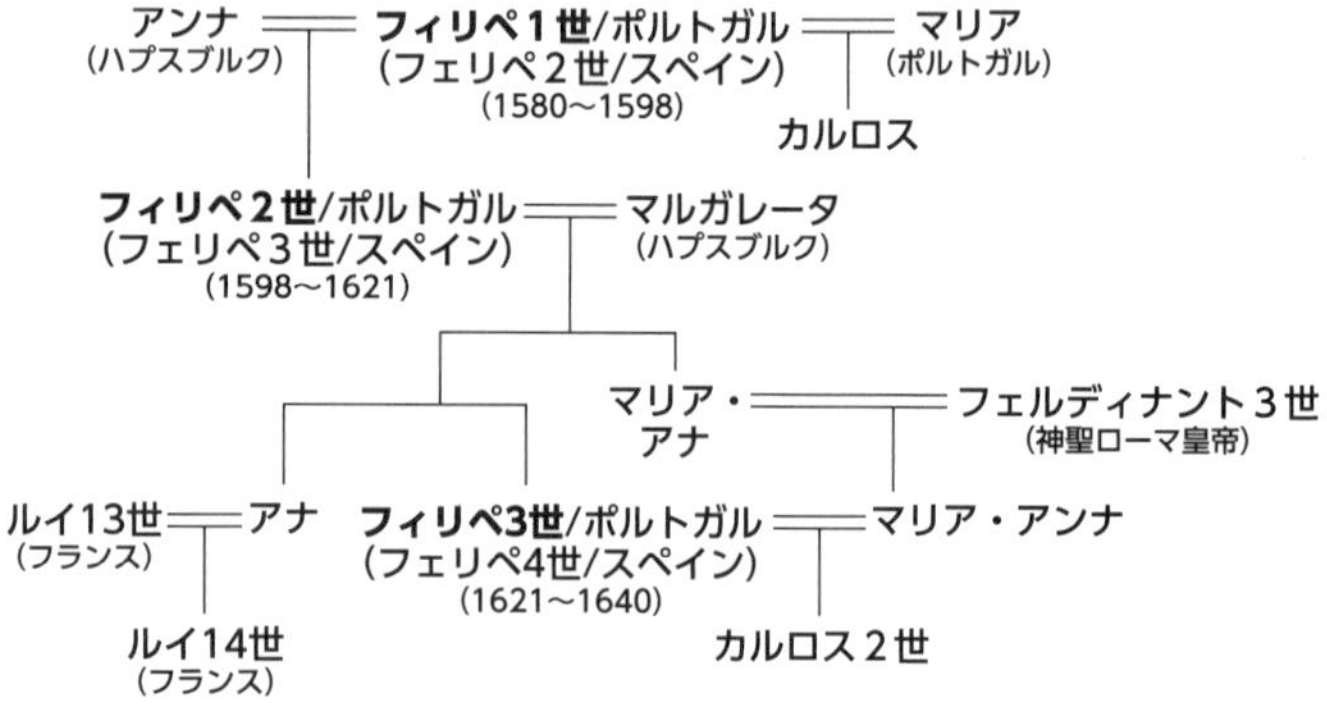

またこの年、フランス軍がカタルーニャに侵入したため、オリバーレス伯公はカスティーリャ軍に対応させます。

その後、カスティーリャ軍はカタルーニャに駐留して略奪を行っており、住民は不満を募らせていました。

そして１６４０年、カタルーニャで暴動が起こりました。このとき、オリバーレス伯公は反乱を鎮圧するために、ポルトガルの貴族に出兵を命じます。

すると同年12月、スペインの支配に対して不満をもっていた貴族たちはクーデターを起こし、リスボンの王宮を襲撃して、副王マルガリータ・デ・サボイアを逮捕しました。そして、貴族たちは、マヌエル1世の血を引くブラガンサ家のドン・ジョアンを国王候補として擁立します。

ドン・ジョアンは、リスボン大聖堂でポルトガル国王ジョアン4世として即位すると、スペインからの再独立を宣言しました。こうして、ブラガンサ朝がはじまったのです。

ウェストファリア条約の影響

ブラガンサ朝がはじまったものの、スペインがポルトガルの独立を認めなかったため、両国間で戦争がはじまります（ポルトガル王政復古戦争）。

これに加えて、植民地をめぐるオランダと

も戦争していたポルトガルは、フランスやイギリスに支援を求めざるを得ませんでした。

1642年に、ポルトガルはイギリスと友好通商条約を結びます。イギリスは、ポルトガル在住のイギリス人に宗教の自由やさまざまな特権をあたえ、ポルトガルとその植民地に対してイギリス船の寄港を許しました。

フランスもポルトガルを支援していましたが、ルイ14世は最終的にスペインと同盟を結ぶことを望んでおり、ポルトガルの独立を認めてはいませんでした。

ポルトガル国内では、ジョアン4世を支持するイエズス会などの勢力と、スペイン寄りの貴族や異端審問所などの再独立に反対する勢力が対立していました。1643年1月にはオリバーレス伯公が失脚し、その2年後に亡くなります。

三十年戦争は、1648年に結ばれたウェストファリア条約によって終わりました。この条約でプロテスタントの信仰が認められ、神聖ローマ帝国はその実体を失っていくことになります。また、フランスはドイツからアルザス地方などの領土を獲得し、オランダ（ネーデルラント連邦共和国）は独立を承認されました。

この条約の締結後もつづいていたスペイン・フランス戦争は、最終的に1659年のピレネー条約によってようやく終わります。その結果、スペインはポルトガルへの攻撃に一段と力を入れるようになりました。

政略結婚とクーデター

ポルトガルでジョアン4世が1656年に死去すると、息子のアフォンソがアフォンソ6世として王位に就き、母のルイサ・デ・グスマンが摂政となっていました。ルイサは1661年にイギリスのチャールズ2世と友好条約を結び、娘のカタリーナ王女をチャールズ2世のもとに嫁がせます。そのかわりに、ポルトガルはイギリスへ200万クルザードを支払い、さらに、ポルトガルの植民地だったボンベイ（現在のインド・ムンバイ）と北アフリカのタンジールをイギリスに譲りました。

このようなイギリスに接近する政策に不満をもった宮廷の一派は、1662年にクーデターを起こします。これによって摂政のルイサは失脚し、国王アフォンソ6世のもとでカステロ・メリョール伯が国政の実権を握りました。メリョール伯は、フランスを味方につけてスペインに対抗しようとします。

1663年5月、スペインの攻撃によってエヴォラが陥落しますが、翌月ポルトガルはこの地を奪回しました。ポルトガル軍は、同年にはアメイシャルの戦い、翌年にはカステーロ・ロドリーゴの戦いでも勝利します。さらに、1665年のモンテス・クラロスの戦いでもポルトガルは大勝し、スペイン軍を撤退させました。

メリョール伯は同年、フランス王のルイ14世に接近し、フランス王族の血を引くマリー・フランソワーズと国王アフォンソ6世の結婚を1666年8月に成立させます。しかし、アフォンソ6世には半身まひや知的障がいがあるとされ、王妃マリーは翌年には結婚の無効を教会に申し立てました。

やっと認められた独立

イギリスの仲介によって、1667年3月にフランスとポルトガルは和平条約を結びました。そして、同年5月には、フランスがスペイン領だったオランダ(ネーデルラント)の継承権を主張し、攻撃を開始します。

ポルトガルの宮廷内では、イギリスを支持する派閥とフランスを支持する派閥が対立していました。1667年9月、アフォンソ6世の弟であるペドロを擁立するカダヴァル公爵《こうしゃく》の一派によるクーデターの結果、メリョール伯は失脚します。なお、マリーはこのクーデターに協力していました。

ペドロはアフォンソ6世の摂政となり、事実上ポルトガルを治めます。また、アフォンソ6世と王妃マリーの結婚が1668年3月に教会によって無効と認められると、ペドロはマリーと結婚しました。

そして同年5月、スペインはようやくポルトガルの独立と、ブラガンサ朝が正統であることを認めます。オランダやフランスとの戦争によって負担が増えたため、スペインにはポルトガルを併合しつづける力は残っていませんでした。

その後、ポルトガルはアフリカ大陸のセウタをスペインに譲ったものの、それ以外の植民地はポルトガル領となります。

知れば知るほどおもしろいポルトガルの偉人④

日本を記録したイエズス会宣教師

ルイス・フロイス

Luis Frois

（1532～1597）

日本の歴史と文化を詳細に記録した宣教師

ルイス・フロイスは、1532年にリスボンで生まれ、1548年にイエズス会に入り、布教活動をはじめます。その後、インドでフランシスコ・ザビエルやキリスト教徒の日本人ヤジロウと出会ったことをきっかけに、1563年に来日しました。

その後、フロイスは30年以上日本に滞在し、足利義《よし》輝《てる》や織田信長といった当時の権力者とも交流をもちます。とくに織田信長に大きく影響をあたえたとされ、西欧の文化や風土を知る彼は、信長からよく質問攻めされていたという逸話も残っています。

フロイスは『日本史』や『日欧文化比較』などの著作を通じて、安土桃山時代の日本の政治、社会、文化を詳細に記録しました。『日本史』は、キリシタン布教の歴史、当時の日本を知るうえで貴重な資料です。彼はそのまま日本で過ごし、1597年に長崎で亡くなりました。

chapter 5

再独立後のポルトガル

エリセイラ伯の工業化政策

ポルトガルの経済を支えてきたブラジルの砂糖産業は、1670年代から急速に衰退し、国内の経済状況を悪化させます。オランダやイギリス、フランスがカリブ海域の植民地でつぎつぎと砂糖の生産を開始していった結果、ブラジルから砂糖を輸入する必要がなくなったのです。

砂糖産業の収入が激減したことに加え、イギリスの毛織物やフランスやイタリアのぜいたく品の輸入によって、ポルトガルの財政赤字は増大していました。そのうえ、独立戦争にかかった費用をまかなうための重税もあり、ポルトガルは国内経済を立てなおす必要に迫られます。

そこで、財務を担当するエリセイラ伯ルイス・デ・メネーゼスは、工業化政策を採用しました。フランスでは、国内産業を保護して輸出を推進する重商政策が成功していたため、ポルトガルもこれを採用します。

エリセイラ伯は、国内工業の保護と育成、ぜいたく品の輸入の禁止、外国産の毛織物などに高い関税をかけるといった取り組みを行いました。ポルトガル内陸部では、施設を拡張しながら毛織物生産を進め、トラズ・オズ・モンテスでは絹織物の製造を実施します。

これらの製造はイギリスやイタリアなどから招いた職人が指導し、協力や分業による効率的な工場制手工業（マニュファクチュア）という生産方式によって発展していきました。製鉄、皮革、ガラス、造船などの分野でもこの方式が採り入れられます。

ただし、これらの生産に消極的な民間人も多く、品質が高い外国の製品の密輸入がつづきました。

さらに、1690年にエリセイラ伯が自殺します。その後、1690年代になってから、工業化政策は立ち行かなくなりました。ワイン産業の成長によってワインの輸出拡

そのころ、日本では？

江戸時代前期の1690年、5代将軍・徳川綱吉《つなよし》は儒学者《じゅがくしゃ》・林羅山《はやしらざん》の邸宅にあった孔子廟《こうしびょう》を湯島《ゆしま》の地に移しました。これがのちに湯島聖堂となり、さらにその後、湯島聖堂は幕府の学校である昌平坂学問所《しょうへいざかがくもんじょ》となって、幕末まで多くの人材を輩出しました。

大をもくろんでいた貴族にとって、イギリスの工業化製品の輸入禁止は都合が悪かったからです。

ゴールド・ラッシュの恩恵

ブラジルでは、先住民を奴隷として捕獲する一方で、貴金属や宝石の探索のため、サンパウロではバンデイラという奥地探検隊が組織されていました。

そして、内陸部のミナス・ジェライスでは1693年以降、サンフランシスコ川の上流とその支流のヴェリャス川にはさまれた一帯で、オーロ・プレット、サバラーなどの金鉱脈がつぎつぎとみつかります。

一定の条件を満たせば、金はだれでも自由に採掘できました。そのため、ミナス・ジェライスには金を採掘にくる人びとが殺到します。これをゴールド・ラッシュといいます。砂糖にかわる収入源を必要としていたポルトガルには、1695年ごろからブラジルの金が届きはじめ、最盛期には年間産出量が2万5000キロに達するほどでした。

ゴールド・ラッシュが起こった17世紀末から約100年間は、ブラジルの「金の時代」と呼ばれます。ブラジルから大量に金が流入し、ポルトガルの赤字解消に役立った一方で、工業化政策が停滞する要因にもなりました。

スペイン王位をめぐるゴタゴタ

スペインでは、17世紀末に後継者争いが起こります。病弱で子どものいなかったカルロス2世は、もっとも近い血縁で、ボヘミア王でオーストリア・ハプスブルク家のレオポルト1世の孫ヨーゼフ・フェルディナントを後継者に指名していました。しかし、フェルディナントは、1699年に6歳で病死します。

フランス王ルイ14世は、自分の孫であるアンジュー公フィリップの王位継承権を主張しました。一方、神聖ローマ皇帝レオポルト1世は、次男のカール大公の王位継承権を主張します。カルロス2世もレオポルト1世も、スペイン王フェリペ3世の孫であり、カルロス2世の姉と結婚しており、血縁関係上は同等でした。

カルロス2世は、ルイ14世の孫のフィリップにスペインを相続させて王位を譲る遺言を残して、1700年11月に死去します。こうして、スペイン・ハプスブルク家は断絶しました。

ルイ14世はカルロス2世の遺言を支持し、孫のフィリップをフェリペ5世として同年11月、スペイン王に即位させます。

しかし、フェリペ5世はフランスの王位継承権を放棄していませんでした。これに危機感を覚えたカール大公は、自分が正当なスペイン国王であると主張します。

この動きにイギリスとオランダが賛同し、1701年にフランスに対して戦線布告したため、イギリスと同盟を結んでいたポルトガルは同盟側として参戦し、フランス、スペインの連合軍と戦います。この参戦はポルトガルにとって、国家の威信を示すためのものでした。

メシュエン条約って？

ポルトガルでは、宮廷クーデターでペドロを擁立した名門貴族のカダヴァル公爵やアレグレテ侯爵などが、ワインの生産を活発に行っていました。

イギリスとのあいだで結ばれた友好条約によって、イギリスの商人がポルトガルでさまざまな特権を得た結果、禁止されているはずの毛織物製品がイギリスからポルトガルに持ちこまれるようになります。イギリスは、毛織物製品を持ちこんだ帰りの船でポルトガルからワインを持ち帰り、二重に利益を上げていました。

そこで1703年、イギリスとのあいだでメシュエン条約が結ばれます。この条約で、イギリスの毛織物製品の輸入を認めること、イギリスがポルトガル産ワインをフランス産ワインより3分の1安い関税で輸入することなどが定められました。

この時期、イギリスはフランスと交戦中で、フランス産ワインが入手しにくい状況でした。ポルトガルは、ワインの輸出によってイギリスに対する貿易赤字を減らそうとします。

メシュエン条約は、イギリスの毛織物の輸入とポルトガル産ワインの輸出という現状を認めたものにすぎませんでしたが、ワインの市場価格は安定しました。しかし、工業化政策の推進は中途半端なかたちにならざるを得ませんでした。

その一方で、ポルトガルが得た利益は、国内産業の育成や保護の政策には使われず、ぜいたく品の輸入のために消費されます。また、金による大幅な収入が見込まれたこともあり、ポルトガルは工業化への意欲を失っていきました。

ポルトガルはますますイギリスへ依存するようになり、ワインの輸出利益を毛織物製品の輸入が上回る輸入超過の状態になります。

スペイン継承戦争、終わる

ペドロ2世は1706年12月に死去し、翌年1月にその息子が17歳でジョアン5世として即位しました。そして1708年、オーストリアとの同盟関係を強化するため、母方のいとこで皇帝レオポルト1世の皇女であるマリア・アンナと結婚します。

同じ時期、スペイン継承戦争はヨーロッパを巻きこみ、アメリカ大陸など世界の各地に波及していました。国際戦争としては、フランスに対抗するオーストリア、オランダ、イギリス、ポルトガルなどの同盟側にとって有利に運びます。

しかし、スペイン国内の内乱としては、フランス・ブルボン朝の血を引くフェリペ5世の支持派が優勢となりました。

1711年、カール大公が神聖ローマ帝国皇帝カール6世として即位します。このままカール6世がスペイン王となりオーストリアとスペインがひとつになると、ヨーロッパ全体のバランスが崩れる可能性がありました。これを警戒したイギリスは、講和の道を探りはじめます。

1713年にユトレヒト条約、1714年にラシュタット条約が結ばれ、14年つづいたスペイン継承戦争は終わりました。

これらの条約はフェリペ5世をスペイン王として承認すること、スペインとフランスは永久に併合しないこと、スペイン領土の変更などを決めたものでした。

17世紀～18世紀のポルトガル領ブラジル

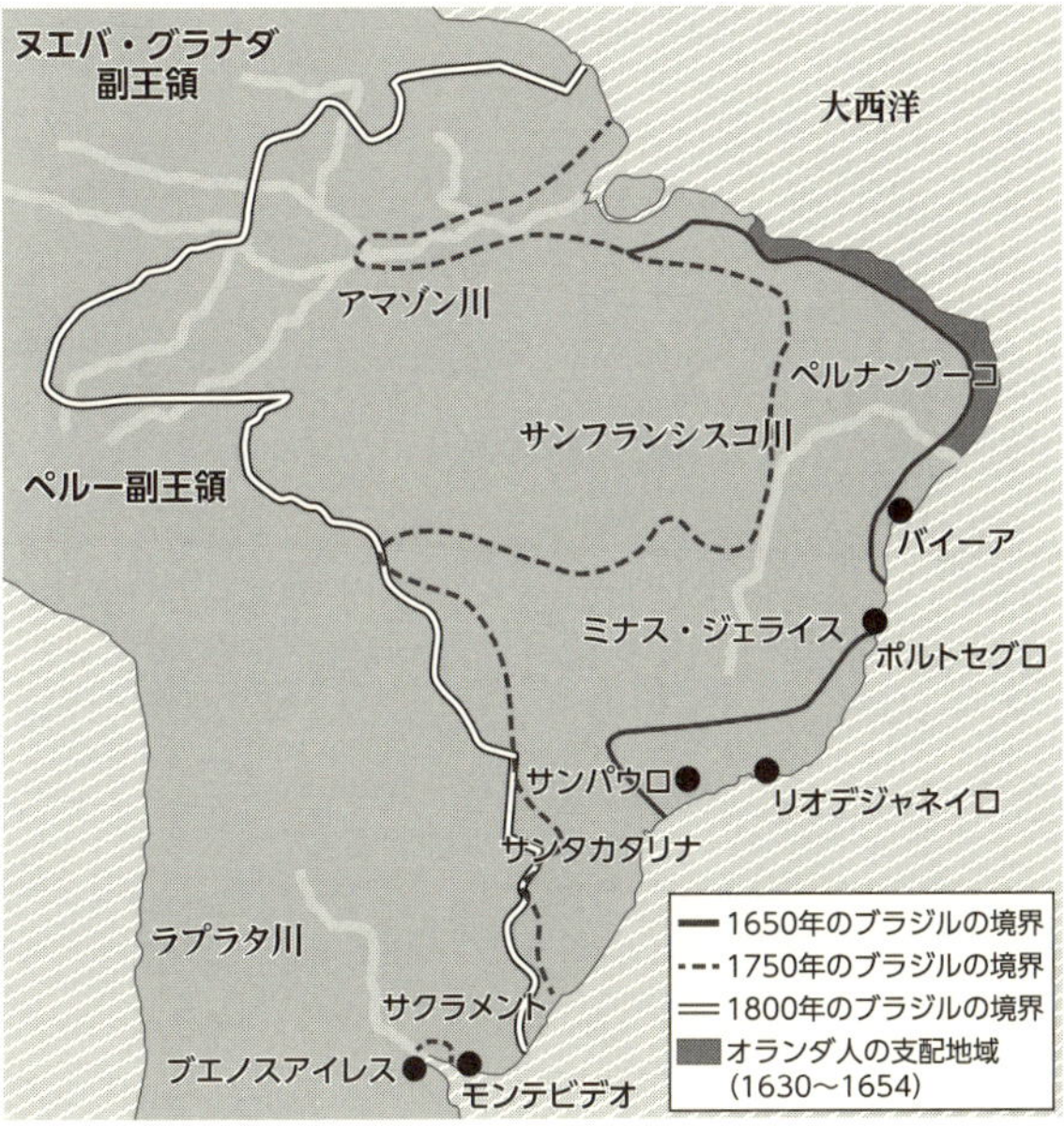

イギリスは、ジブラルタルやミノルカなどの領地を得ます。また、黒人奴隷を提供するアシエントと呼ばれる独占権をスペインから譲られ、参戦国のなかでもっとも利益を得ました。

ポルトガルは、ブラジルのアマゾン地方を治める権利を認められ、ラプラタ川流域のコロニア・デル・サクラメント（現在のウルグアイ）をスペインから返還されました。

その後、ジョアン5世は1717年にローマ教皇クレメンス11世の呼びかけに応じ、キリスト教軍としてオスマン帝国（現在のトルコ）とギリシャのマタパン岬沖の海戦に参戦し、ポルトガル艦隊は勝利します。この戦いへの参加も、国家の威信を示すためのものでした。

ポンバル侯の登場

豊富な金と、1729年から発見されはじめたダイヤモンドを利用して、ジョアン5世は国政を担っていた貴族を退け、実質的な絶対王政を確立します。

さらにジョアン5世は、マタパン岬沖の海戦への参戦と教皇庁に対する莫大な寄付のかわりに、リスボン総大司教区の創設および総大司教や枢機卿《すうききょう》の称号を認めさせました。新築された総大司教座教会は豪華なつくりで、そこにイタリアからドメニコ・スカルラッティという音楽家を招きました。宗教面の権威によって王権をさらに強めようとしたのです。

1742年、ジョアン5世は心臓の病気となり、8年間もの闘病のすえ、1750年に死去しました。同年、息子のドン・ジョゼがジョゼ1世として36歳で国王に即位します。ジョゼ1世は狩猟や馬術に興味を持ち、政治には無関心だったため、即位と同時にセバスティアン・ジョゼ・デ・カルヴァーリョ（のちのポンバル侯）を外務・軍務大臣に登用しました。

ポンバル侯はリスボン出身の小貴族で、軍務についたのち、1738年から1744年の間はロンドンに、1745年から1749年まではウィーンに大使として滞在していました。大使時代にイギリスのめざましい経済発展に大きな刺激を受け、オーストリアでは啓蒙専制主義について学んでいました。啓蒙専制主義とは、王のもとで慣習や制度を理性的に批判し、合理的な改革を行おうとする啓蒙主義にもとづいた考え方です。

ポンバル侯はこの経験をもとに、ポルトガルの課題解決に挑もうとしました。

ブルジョアジーが重要だ

ポンバル侯が国政を担当するようになった時期は、植民地での金や砂糖の生産が急落し、ワインの輸出も伸び悩むなど経済危機に陥っていました。ポンバル侯は、技術革新を成しとげた産業革命によって経済的に成功したイギリスに感銘を受けていました。また、ブルジョアジーの存在の重要性を痛感していて、イギリスにならってポルトガルの経済危機を打開しようとして、重商主義政策を取り入れます。

ポンバル侯はまず、1755年9月に商業、貿

易、工業、海運業に関するすべての課題を統括する商業評議会を設立し、評議会を通じて経済政策を行いました。

さらに、貿易の独占権をもった特許会社を設立します。1755年にはグランパラ・マラニャン社、1759年にはペルナンブーコ・パライーバ社などが設立されました。ポンバル侯はブルジョアジーにそれらの会社の経営を任せて、ブルジョアジーの育成にも取り組みました。

一方、スペインとの取り決めでポルトガル領として認められていたブラジルのアマゾン川流域では、1759年にグランパラ・マラニャン社が、開発の独占権をあたえられます。同社は、カカオやコメ、綿花の栽培および、栽培に必要な労働力として奴隷を送りこむことによって成功し、ポルトガル経済を支えました。

リスボン大震災

ポンバル侯の政策が進められていた1755年11月1日の朝、ポルトガル南西部で、大地震が起こります。震源地はポルトガル西南西沖と推定され、スペインやモロッコにまで影響がおよびました。地震直後の火災は、リスボンの都心部を6日間にわたり焼きつくします。

そして、津波は最大20メートルにも達した地点があるとされ、アイルランドや西インド諸島にまで大きな被害がおよびました。

とくにリスボンでは、完成したばかりのオペラ劇場や貴族の館など1万戸以上の建物が失われ、9割近くの建造物がなくなったとも推測されています。1万数千人以上が犠牲になり、貴重な絵画、書籍、美術品や公文書も消失しました。

ポンバル侯は地震の直後から、負傷者の手当て、火災の消火、疫病防止のための遺体の処理や埋葬、犯罪の防止、生存者への食糧や物資の配布、免税措置、仮住まいの用意などに取り組みました。

ポンバル侯はこれまでの慣習や教会による水葬の反対などにとらわれず、すみやかな対応を行い、復興計画に着手します。がれきの処理、たまった水の排水、区画の測量や登記などが実施され、民間人による勝手な建設工事は禁止されました。

都市の再建計画が発表されると、地主はその計画にもとづいて建物の建築を進めました。ただし、この計画通りに建造物を5年以内に建築できなかった場合、その権利を譲らなければなりませんでした。この制度によって、都市部に土地を手に入れた新たな富裕層もいました。

リスボンの中心地には市街区がつくられていき、のちに低地を意味するバイシャと呼ばれます。ポンバル侯は、碁盤の目のように区切られた区画に外観を統一した4階建ての建物を建設し、規格化した建材などを使って、現場で組み立てのみを行うプレハブ工法を取り入れました。

また、耐震性を確かめるために再建する建物の模型をつくり、その周囲を行進して人工的に揺らします。このような建築様式をポンバル様式と呼び、初期の耐震性を備えた世界初の耐震建築に用いられます。

上からの近代化

ポンバル侯は宰相になったあとの震災への対応を評価されていました。ジョゼ1世にも信頼され、さまざまな改革に取り組みます。

当時のポルトガルでは、前国王ジョアン5世による宗教重視の政策や異端審問所の監視があり、イエズス会をはじめとするキリスト教の修道会の影響があらゆる分野におよんでいました。

ポンバル侯はイエズス会が独占していた教育も時代に沿うものではなく、ポルトガルの近代化は遅れていると考えていました。たとえば、リスボン大震災を神の怒りとするイエズス会の主張は、震災処理の進展を阻む考え方だとポンバル侯はとらえます。

ポルトガルには近代化が必要だと考えたポンバル侯は、王権を強めて「上からの近代化」を実現しようとします。

ポンバル侯は、「上からの近代化」の実現のため、独裁的な権力を使って保守的な大貴族たちを無能として弾圧しはじめました。これに反感をもった貴族たちは、1758

年9月、ポンバル侯を重用するジョゼ1世を暗殺しようとします。

するとポンバル侯は、事件に関わったとされる1000人以上の貴族たちを逮捕して拷問《ごうもん》し、自供を強制しました。さらに、1759年に入ってまもなく、首謀者のアヴェイロ公爵とタヴォラ侯爵などを公開処刑したうえ、遺灰を海に捨てました。アヴェイロ公爵とタヴォラ侯爵の称号は消え、全財産は王室に没収されます。その後も、首謀者たちの住居を取り壊し、その土地を使えないままにするなど、徹底的な処刑と処分が行われました。

また、改革の一貫として、ポンパル侯は国内で1761年9月に奴隷解放令を布告します。この解放令は、奴隷を国外からポルトガルに連行することを禁止したもので、公布後に一定の期限を過ぎたあとに奴隷を連れてきた場合は、ただちに自由の身とするという内容でした。ただし、アジアやアフリカなどから奴隷を連れてくることによって植民地の労働不足を防ぐ目的がありました。

しかし、ブラジルでは奴隷は貴重な労働力だったため、解放の対象にはなりませんでした。

イエズス会は解散せよ

貴族に対する処刑や弾圧の次に、ポンバル侯はイエズス会の処分に取りかかります。そして彼は、イエズス会も国王暗殺の陰謀に加わっていたという口実をつくり、1759年にイエズス会をポルトガルから追放して、莫大な財産を没収したのです。

イエズス会の追放はポルトガル本国だけではなく、ポルトガルの海洋帝国の全領地におよびました。イエズス会がブラジルに広大な土地や不動産をもっていたためです。

ブラジルでの独占会社の創設に反対するなど、イエズス会は国内のあらゆる分野に影響をあたえていました。ポンバル侯にとって、王権の強化、集中化という目標を妨《さまた》げる存在だったのです。

そのころ、日本では？

1772年、江戸の目黒《めぐろ》行人坂《ぎょうにんざか》付近から出た火が、南西からの風にあおられて江戸中を焼きつくし、約1万4000人もの死者を出しました。この「明和の大火」は、「明暦《めいれき》の大火《たいか》」、「文化の大火」とともに、江戸三大大火のひとつに数えられています。

これまで、イエズス会はポルトガル、スペイン、フランス国王の保護を受け、植民地開拓に協力しながら布教を行ってきました。ユダヤ教から改宗した入会者も多く、開拓先で国境を越えて活動して、独自の商用ネットワークをもっていたのです。

イエズス会に対しては、キリスト教の聖職者たちからも金銭面の批判が高まっていました。国家よりも教皇に忠誠を誓い、不動産や富をもち、組織力、影響力も大きいイエズス会の存在は、ポルトガルをはじめ、王権を強めたフランス、スペインなどの国ぐにでは受け入れがたいものでした。そして、フランス、スペインも相次いでイエズス会を国外追放とします。

さらに、ポンバル侯が教皇庁に圧力をかけた結果、１７７３年に教皇クレメンス14世の決定により、イエズス会は解散させられたのでした。

ポルトガルの食文化

大航海時代から続く美食の伝統

ポルトガル料理を語るうえで欠かせない食材のひとつが、タラを塩漬けの干物にしたバカリャウです。「ポルトガルの国民食」とも呼ばれ、もともと北ヨーロッパのヴァイキングが各地に広めたとされており、大航海時代に長期保存が可能な食材としてポルトガル国民に広まっていきます。

バカリャウを使った料理には、ポテトや卵と炒めるバカリャウ・ア・ブラスや、魚介類やトマトと煮込むカタプラーナなどがあります。３６５通りのレシピがあると言われるほど、さまざまな調理法が存在します。そのほか、イワシやタコ、エビなどもメジャーな食材であり、魚を食べる文化が根づいています。

また、コーヒーもポルトガルの日常生活に欠かせません。街を歩けばいたるところにカフェがあります。かつての植民地ブラジルとの深い結びつきからコーヒー文化が盛ん

で、飲み方はエスプレッソが主流です。コーヒーとともに、「パステル・デ・ナタ」というエッグタルトの一種を楽しむ人もいます。ちなみに、アイスコーヒーの文化はなく、日本のブレンドコーヒーは「アメリカーノ」と呼ばれています。

ワインも世界的に有名です。なかでもポートワインは、18世紀以降に各国との貿易によって世界中に広まりました。また、ヴィーニョ・ヴェルデ（緑のワイン）や、マデイラワインなど種類も豊富です。ちなみに、2022年の調査によると、ポルトガルではひとりあたり年間で約90本のワインが消費されており、コルクの生産シェアは世界の約50％を占めるともいわれています。

知れば知るほどおもしろいポルトガルの偉人⑤

宣教師と外交官の二刀流

アントニオ・ヴィエイラ

António Vieira

（1608～1697）

ポルトガルとブラジルの架け橋となった宣教師

アントニオ・ヴィエイラは、17世紀はじめにリスボンで生まれ、６歳でブラジルにわたります。そのままバイーアの大学で教育を受けると、彼は1623年にイエズス会の宣教師として活動をはじめました。

ポルトガルの再独立の際、ヴィエイラはジョアン４世を支持し、王立評議会のメンバーに選ばれます。1646年から1650年までの間、外交官としてオランダやフランスなどを訪れました。

ヴィエイラは奴隷制度に反対し、植民地における先住民の権利の擁護に尽力します。ただし、その主張は異端とされ、1665年からおよそ２年間投獄されました。釈放後、彼はローマで活躍します。

晩年、ヴィエイラはバイーアにもどり、89歳で亡くなりました。なお、彼が執筆した『説教集』は、17世紀の世界観を知る貴重な資料となっています。

chapter 6

王政の終わり

首都はリオに

18世紀後半、ブラジルで栽培していた砂糖、綿花、コメは高値で取引されていました。そのため、ポルトガルの経済は一時的に好調でした。また、金の産出も順調で、18世紀中ごろの金の総生産量は世界のシェアの85％にも達していました。

ミナス・ジェライスの近辺で金鉱がつぎつぎに発見されると、そこまでの距離が近いリオデジャネイロが金の積出港として栄えました。新たな経済の中心地となったリオデジャネイロは、１７６３年にブラジル北東部のバイーアにかわってブラジルの首都になりました。

しかし、金が減産し、砂糖の輸出がふるわなくなると、ポンバル侯は経済政策として、かつてエリセイラ伯が挫折した工業化の推進にふたたび取り組みました。

絹織物工場の王立化、中小のマニュファクチュアの保護、コヴィリャン王立毛織物工場の復興など、国内の絹織物や毛織物産業の育成に力を注ぎます。イギリスから設備を導入してポルタレグレ王立毛織物工場を新設しました。

また、商業を軽視する伝統的な風潮を改めさせて商業の重要性を宣言します。グランパラ社などの特許会社の経営をブルジョアジーに任せ、新事業を起こすアイディアや失敗を恐れない起業家精神をもつブルジョアジーの育成に努めました。

当初、イギリスの製品におされて、紡績産業の改革はなかなか進展しませんでした。しかし、ブラジルの綿花を活用した綿織物工場は、毛織物の輸入を優遇するというメシュエン条約に違反しないため、18世紀末には大きな利益を得るようになります。

ポンバル侯の失脚

ポンバル侯によるイエズス会の追放により、イエズス会が運営していた初等・中等学校やエヴォラ大学は閉鎖されました。

1772年には、読み書きや計算のための初等学校や、大学進学のための中等学校を構想する公教育法が公布されます。同年には、コインブラ大学の改革も行われ、信仰よりも自然科学が重視されました。

さまざまな改革を実行したポンバル侯は、1773年にユダヤ教から改宗したユダヤ人やムーア人などの新キリスト教徒にも公職につく権利をあたえるなど、新旧キリスト教徒の差別撤廃令によって両者の区別や差別をなくし、同等の権利を保障します。

ポンバル侯は、ポルトガルの経済を発展させるためにも、商業に精通している新キリスト教徒を国外から呼びもどし、その力を発揮させようとしたのです。

1777年2月、国王ジョゼ1世が死去すると、王女のマリアがマリア1世として後を継ぎました。ポンバル侯は、ジョゼ1世の信頼を得て独裁的な政治を行っていたため、失脚しました。

マリア1世は、ポンバル侯の重商主義政策については、ほぼそのまま継続しました。ポンバル侯が保護した毛織物などの工業製品は順調で、ブラジルから輸入した綿花も、工場で加工した製品を輸出できるまでになりました。

なお、ブラジルに貿易の独占権をもっていたグランパラ・マラニャン社とペルナンブーコ・パライーバ社は、民営化されることになります。

1780年にはイギリスとの貿易が100年ぶりに黒字となり、ポンバル侯の経済政策はようやく実を結びました。

不穏なブラジル

国内経済が回復する一方、ブラジルでは金の産出量が激減していました。また、本国の特権会社が貿易を独占しており、ブラジルの人びとによる工場の設立が禁じられます。

とくにミナス・ジェライス州の住民は、さまざまな増税と強制的で過酷な税の取り立てによって生活を圧迫され、植民地に重税を課すポルトガル本国に対して不満を募らせていました。

ブラジルの支配者階級の多くは当時、ヨーロッパに留学して高等教育を受けていました。ポルトガルに対する不満がうずまくなかでアメリカは1776年に独立を果たしたことも、反乱の機運を高めていきました。

そして1789年、ブラジル生まれの白人や支配者階級

そのころ、日本では？

1782年から1787年にかけて、冷害や浅間山の噴火などが原因で大凶作となり、東北・関東地方を中心とする大飢饉《だいききん》が発生しました。さらに疫病の流行も重なります。この「天明の大飢饉」では全国で90万人以上の人が亡くなったとされています。

は、ミナス・ジェライス州のオーロ・プレットで、軍人、神父、農場主などが集まり、ポルトガル政府に対する反乱を計画します。しかし、この計画は密告により事前に発覚したため、失敗に終わります（ミナスの陰謀）。

計画の首謀者のうち10名は、死刑から流刑に減刑されましたが、身分の低い歯医者だったシルヴァ・シャビエル（ティラデンテス）は絞首刑となりました。現在、ティラデンテスはブラジル独立の英雄とされ、処刑された4月21日はブラジルの祝日になっています。

一方、黒人および黒人と白人の混血が多かったブラジル北東部のバイーアでは、サトウキビばかりを生産させられたことによる食糧不足が発生し、民衆や兵士による暴動や食べ物を得るための商店の襲撃がたびたび起こっていたのです。

加えて、1791年にハイチで起こった奴隷革命が成功した影響を受けて、1798年にバイーアで反乱が起こります（バイーアの陰謀）。共和政、自由や平等、奴隷制の廃止、貿易の自由を掲げ、仕立て屋、石工、大工、黒人、奴隷、女性など下層階級の人びとが参加しましたが、ポルトガル政府によって鎮圧され、失敗に終わりました。

しかし、下層階級の人たちによってブラジル社会を根本的に変革しようとする反乱が計画されたことは、植民地の支配者階級の人びとに衝撃をあたえました。

ナポレオンの脅威

フランスでは1789年に市民革命が起こり、封建的な制度を廃止して絶対王政が倒されました。その後の政治や社会は不安定になります。

そんななか、反乱を鎮圧するなどの功績を上げていたナポレオン・ボナパルトが、1796年4月、フランス軍を率いてイタリアに攻めこみ、オーストリア軍を退けます。1799年11月、クーデターによって軍事独裁権を手にした彼は、イギリスを標的に征服戦争を開始しました。

これを受けて、スペインはフランスと同盟を結び、イギリスに対抗します。スペインの首相マヌエル・デ・ゴドイはフランス政府の要望に応える形で、ポルトガルにイギリスとの同盟を破棄するように求めます。ポルトガルがこれを拒否すると、1801年5月にスペイン軍がポルトガルに派遣されました。

ちなみに、スペインのゴドイ首相がスペイン王妃マリア・ルイーザにオレンジの枝を送り、リスボンに進軍するというメッセージを添えたことから、この戦争は「オレンジ戦争」と呼ばれています。

マリア1世の摂政であるドン・ジョアンは平和を求め、最終的にポルトガルとスペインは1801年6月、バダホス条約を結びました。

ポルトガル領ギニアの位置

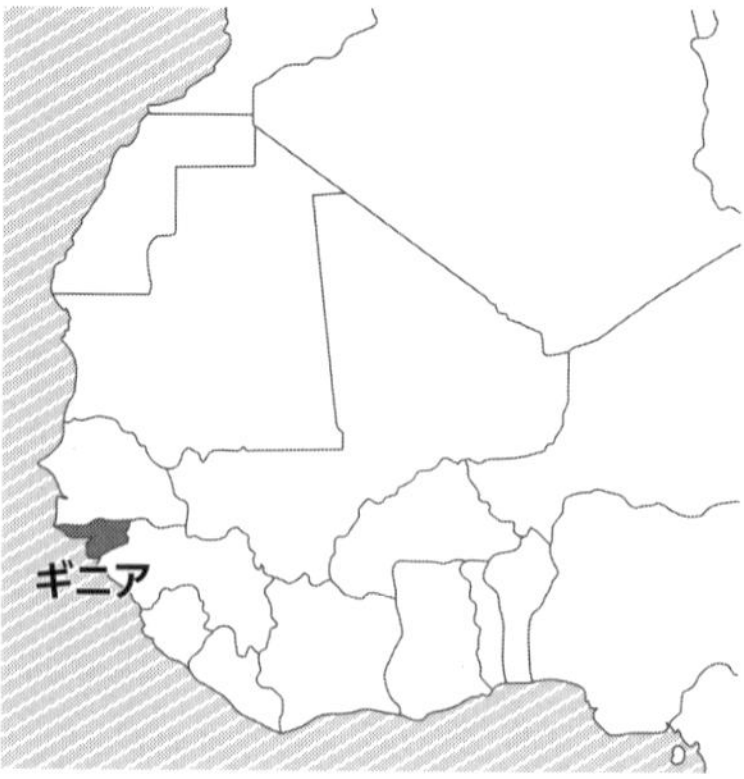

この条約では、ポルトガルがイギリス船に対して港を封鎖すること、スペインに賠償金を支払ってオリベンサをスペインに譲ることが定められます。

同年9月には、フランスとのあいだでマドリード条約が結ばれ、バダホス条約を守ること、フランスに2000万フランの賠償金を支払うこと、ポルトガル領ギニアの半分をフランスに譲ることが決まりました。

ナポレオンは1804年にフランス皇帝となり、1806年にはヨーロッパの各国に、イギリスとの交易や取引を禁止する大陸封鎖令を宣言しました。これは、イギリスを経済的に孤立させ、イギリスの工業製品の流入を阻止することにより、フランス国内の諸産業の保護、発展をめざすというものでした。

イギリスとの関係が深かったポルトガルは、大陸封鎖令を拒否します。摂政ドン・ジョアンは、ポルトガルを支配されることよりも植民地であるブラジルを保持しつづけることを優先します。

そして1807年11月29日、ポルトガル女王マリア1世やドン・ジョアンなどの王族、官僚、貴族、商人6000人と、艦隊の船員9000人は船団を組み、イギリス海軍に守られてブラジルに向けて出港しました。

その翌日、ジャン・アンドシュ・ジュノー将軍が率いるフランス軍がスペイン軍と合流し、リスボンを占領します。

一方、ブラジルに向かったポルトガルの一団は、1808年3月にリオデジャネイロに到着しました。ドン・ジョアンはリオデジャネイロに宮廷を置き、友好国に対してブラジルの開港を宣言します。

フランス軍が侵入！

ヨーロッパの征服をめざすナポレオンは、ポルトガルへの進軍を口実にしてスペインを通過し、スペイン国内の一部を支配します。

１８０８年6月、ナポレオンは兄のジョゼフ・ボナパルトをスペイン国王ホセ1世として即位させました。これを認めなかったスペイン人とフランス軍のあいだで、半島戦争（スペイン独立戦争）がはじまります。

このスペインでの民衆の動きが、フランスに占領されていたポルトガルにも伝わり、ポルトガル北部のブラガンサで民衆が蜂起《ほうき》しました。

１８０８年の夏、イギリス軍とポルトガル連合軍はフランス軍を打ち破り、撤退させます。しかし、イギリス軍と

そのころ、日本では？

江戸時代後期の将軍家御庭番《おにわばん》で探検家だった間宮林蔵《まみやりんぞう》は、1808年、幕府の命令を受けて、調査のため樺太《からふと》にわたりました。その探検で間宮は、樺太が半島ではなく島であることを確認します。このことから、のちに樺太と大陸のあいだの海峡は、間宮海峡と名づけられました。

フランス軍は、ポルトガル人を交えずに、休戦協定を結びました。フランス軍は王宮や教会の財宝を略奪して撤退します。

1809年、フランス軍がポルトに入城しますが、同年5月にイギリス・ポルトガル連合軍はこれを撃退しました。翌年、フランス軍はふたたびポルトガルに侵攻しますが、ポルトガル軍はブサコの戦いでフランス軍を破りました。

ポルトガルはイギリスの助力を得て、フランスとの戦いにすべて勝利しました。しかし、フランス軍が周辺の町や村を襲っていたため、ポルトガルの国土は荒廃します。

イギリスへの反発

ポルトガルとイギリスとのあいだで、1810年に通商条約が結ばれました。イギリスの圧力で調印されたこの条約によって、イギリスはブラジルに自国の製品をポルトガル本国よりも安い関税で輸出できるようになります。

こうしてポルトガルのブルジョアジーは、実質的に植民地貿易の8割近くを占めていたブラジルの特権的な市場をイギリスに奪われることになります。

一方、1808年にはナポレオンがスペインに出兵してスペイン独立戦争がはじまり、フランス軍が一時的にスペインを占領します。しかし、ナポレオンが1812年にロシアに遠征すると、スペイン国内ではイギリスからの援軍とスペインのゲリラがフランス軍と戦い、勝利しました。

スペイン独立戦争は1814年に終わり、フランス軍がスペインから撤退しました。その後、ヨーロッパ各国の君主がオーストリアの首都ウィーンに集まり、ウィーン会議が開かれます。この会議によってウィーン体制が確立され、各国の体制がフランス革命以前の状態にもどされます。

ただし、ドン・ジョアンはポルトガルにもどらず、ブラジルを植民地から昇格させて「ポルトガル・ブラジル・アルガルヴェ連合王国」とすると、そこに留まりつづけます。ブラジルでは、自由主義思想にもとづくさまざまな改革によって、新聞の創刊のほか、劇場、学校、図書館の整備が進められました。

国王不在のポルトガルでは、イギリスのウィリアム・ベレスフォード将軍が国政を支配します。1816年にマリア1世が死去すると、ドン・ジョアンがジョアン6世として即位しましたが、戴冠式はリオデジャネイロで行われました。

しかし、1820年に入るとスペイン各地で自由主義革命が起こり、ベレスフォード将軍はリスボンを離れます。

このころ、ブラジルの市場はイギリスの製品に支配され、関税収入の減少がポルトガルの財政を危うくしていました。そこで、イギリス軍の支配に不満をもつ軍人やブラジルの市場から締め出されたブルジョアジーなどは、1820年8月にポルトで自由主義革命を起こします。リスボンの軍隊もこの動きに協力したため、革命は成功しました。

三権分立の確立

革命の翌年1月、ポルトガルで120年ぶりにコルテス（国民議会）が招集されます。このとき参加した議員は、自由主義の考えにもとづく地主、聖職者、教師がほとんどで、かつ成人男性のなかから直接選挙で選ばれました。農民、職人など下層階級の代表は参加できませんでした。

議会は、アメリカやフランスの革命の原則を支持する法律家、官僚などの急進派、反乱の中心になった軍人を主体とする穏健派に分かれましたが、主導権をにぎったのは急進派です。

急進派は、国民主権と三権分立を憲法の原則とします。国民主権とは、国家の政治の主権者が国民にあることで、三権分立とは、司法（裁判所）、立法（国会）、行政（内閣）がたがいに独立しているしくみのことです。そして、封建的な特権や異端審問所は廃止されました。

1821年4月、ジョアン6世は息子のドン・ペドロをブラジルの摂政としてブラジルに残すと、ポルトガルに帰国します。同年7月にはリスボンに到着し、憲法の原案に誓約して新内閣を任命しました。こうして、ポルトガルで憲法に従って行われる立憲王政がはじまったのです。

なお、議会でブラジルの再植民地化が決定されると、ブラジルの支配層はこれにはげしく反発します。当時のブラジルは、ポルトガルとの連合王国を維持して自治権を拡大

ブラジル帝国の領域（1822年）

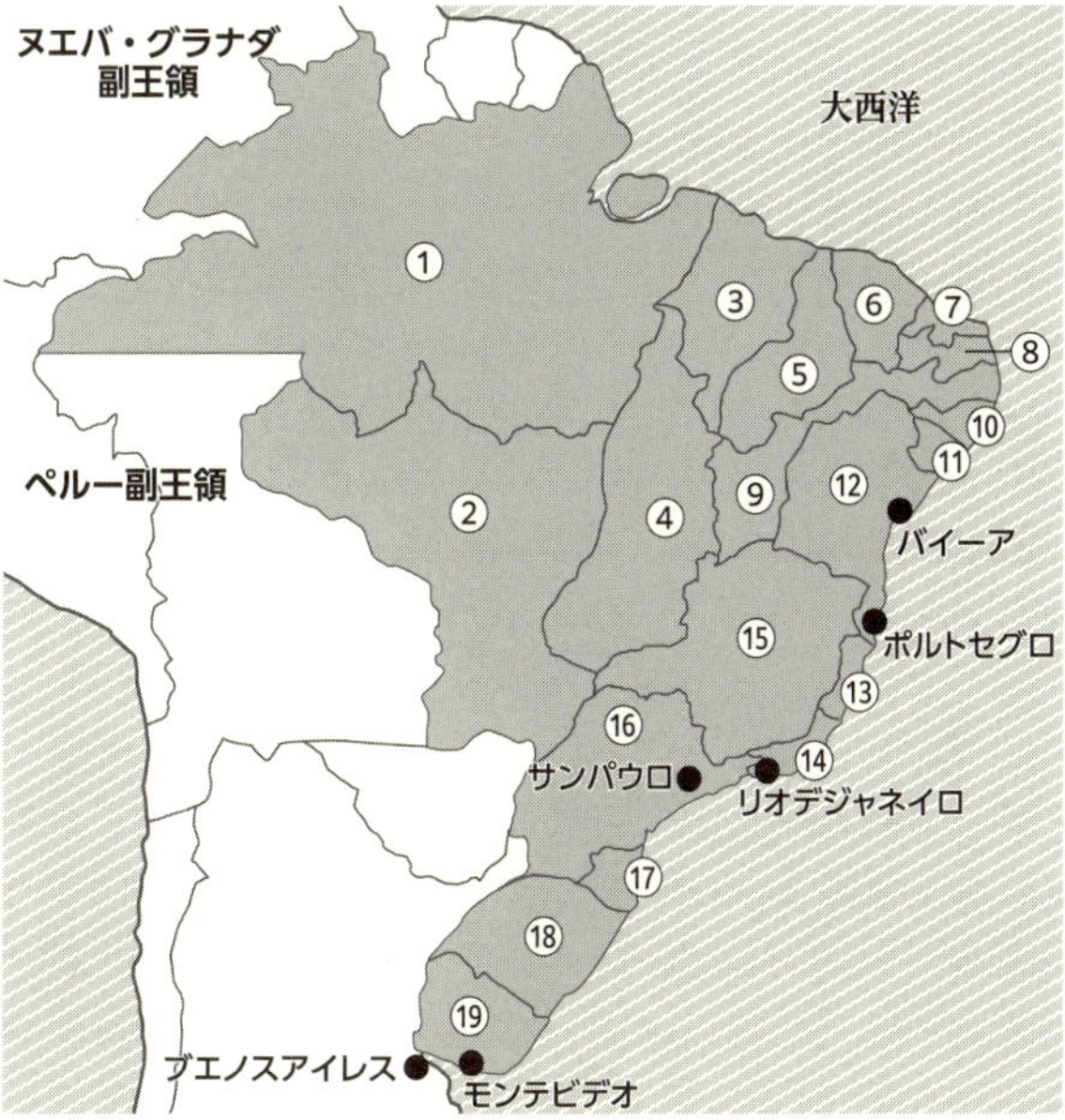

① グラン・パラ	⑪ セルジペ
② マト・グロッソ	⑫ バイーア
③ マラニャン	⑬ エスピリト・サント
④ ゴイアス	⑭ リオデジャネイロ
⑤ ピアウイ	⑮ ミナス・ジェライス
⑥ セアラ	⑯ サン・パウロ
⑦ リオ・グランデ・ド・ノルテ	⑰ サンタ・カタリナ
⑧ パライバ	⑱ リオ・グラン・ド・スル
⑨ ペルナンブコ	⑲ シスプラティーナ
⑩ アラゴアス	

したい保守派と、独立して共和政を樹立したい急進派に分かれていました。

1822年1月、ジョアン6世はドン・ペドロに対して、ポルトガルに帰国するように命じます。しかし、保守派のリーダーのジョゼ・ボニファシオは、ブラジルにとどまるようにドン・ペドロを説得します。ボニファシオのほか、共和政への移行を主張する急進派も独立をすすめ、王太子妃マリア・レオポルディナもそれを後押ししました。

1822年9月7日、ドン・ペドロはサンパウロでブラジルの独立を宣言し、サンパウロ近郊のイピランガの丘で「独立か死か」と叫びました。これは「イピランガの叫び」として知られています。ドン・ペドロはブラジル皇帝ペドロ1世となりました。

ドン・ミゲルの反乱

ポルトガルでは1822年11月、新憲法が公布されます。これは、フランス革命の原則にもとづいた自由主義的な内容でした。

ところが、ジョアン6世の次男で絶対王政を支持するドン・ミゲルが、絶対王政を信奉する貴族や教会などの保守勢力の支援を受けて、新憲法に反対します。この勢力には、スペイン王カルロス4世の長女で、ジョアン6世の王妃であるカルロッタ・ジョアキナも加わっていました。

ドン・ミゲルが1823年に反乱を起こすと、リスボンの軍隊も、ドン・ミゲルが率いる反乱軍に同調します。新憲法を支持していた父のジョアン6世は、みずから軍を指揮して説得にあたり、妥協策として憲法はいったん停止され、議会は解散しました。

さらに、ドン・ミゲルは1824年4月にも反乱を起こし、ジョアン6世を宮殿に幽閉します。このとき、イギリスのベレスフォード将軍がジョアン6世をイギリス船に乗せて保護しました。ジョアン6世は全権を回復したのち、ドン・ミゲルを解任します。反乱は鎮圧され、ドン・ミゲルはパリに追放されました。

ジョアン6世が1826年3月に死去すると、後継者問題が起こります。このとき、自由主義思想を否定しようとする勢力は、植民地で独立宣言をしたブラジル皇帝ペドロ1世ではなく、その弟であるドン・ミゲルの王位継承を主張しました。

同年3月10日、ブラジル皇帝ドン・ペドロはポルトガル王ペドロ4世として即位を宣言したあと、すぐに7歳の娘マリア・ダ・グロリアに王位を譲り、ポルトガル女王マリ

ポルトガル内戦の構図

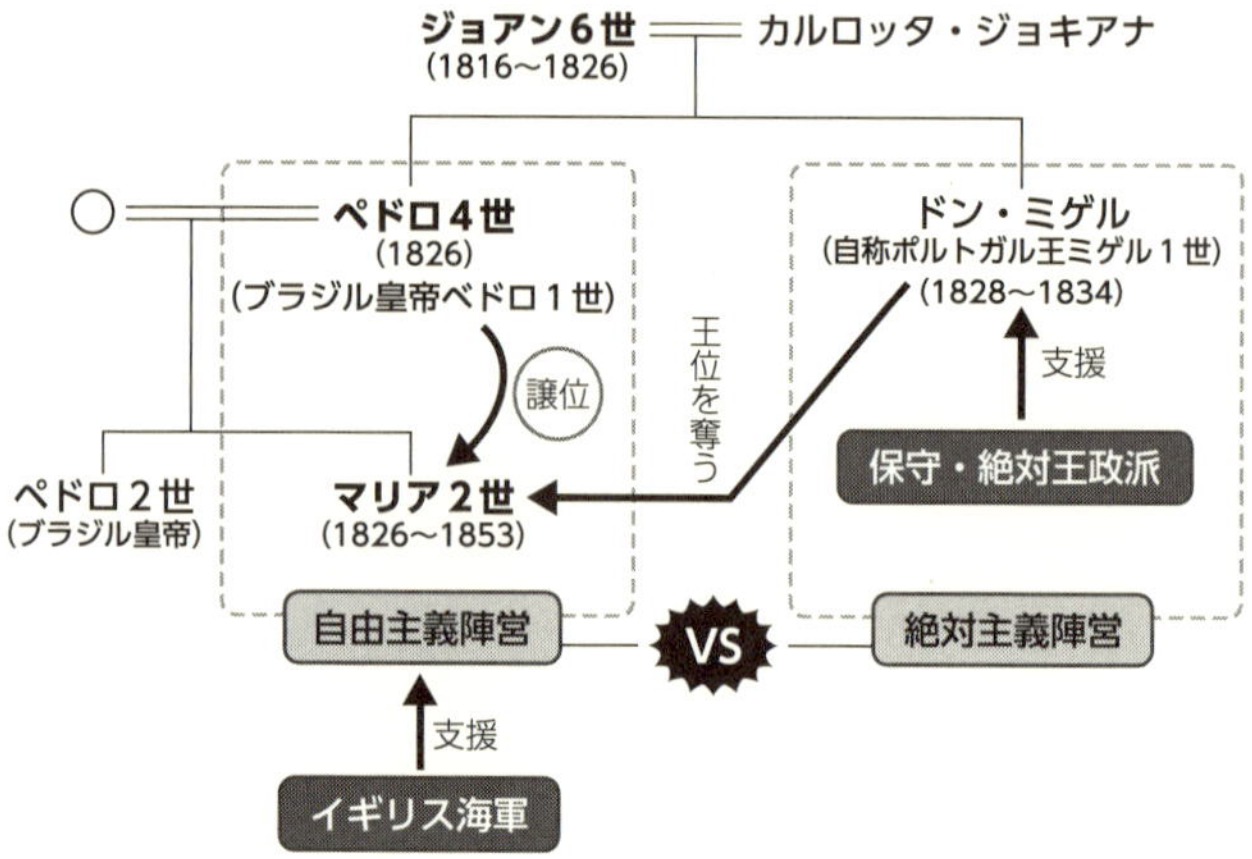

ア2世として即位させました。

さらに、ドン・ペドロは憲法を廃止して、新たに王の権利を強化した「憲章」を公布します。これはブラジルの憲法をモデルにした法律で、司法・立法・行政に加えて、国王が三権をたばねることできるという調整権を設けていました。

また、反対勢力との妥協のために、ドン・ミゲルをマリア2世と婚約させたうえで摂政としました。

ポルトガル内戦

憲章を受け入れたドン・ミゲルは1828年2月に帰国したものの、国内の保守派の貴族から担ぎあげられて国民議会を解散すると、身分制にもとづく伝統的な議会（コルテス）を復活させます。

同年7月、議会がドン・ミゲルを正当な王であると宣言すると、特権を守りたい教会や貴族などが支持します。ドン・ミゲルはマリア2世から王位を奪い、ポルトガル国王ミゲル1世を名乗りました。

すると、ポルトガル国内では反革命派によって、自由主義者が弾圧されます。サルダーニャ将軍、パルメラ公、テルセイラ公といった自由主義派の指導者たちは、国外へ亡命しました。

ドン・ペドロはマリア2世の王位の正当性を主張し、1831年4月にリオデジャネイロでブラジル皇帝の座を譲り、息子ペドロをペドロ2世として即位させます。さらに、ドン・ペドロはマリア2世とフランスにわたると、1832年3月に自由主義者がいるアソーレス諸島のテルセイラ島に到着します。

同年7月、彼はフランス、イギリス、スペインなどの外国人兵士も加わる軍を率いて、ポルト近くのミンデロに上陸しました。

こうしてはじまった「ポルトガル内戦」では、ドン・ミゲルが率いる絶対王政を望む絶対主義陣営とドン・ペドロが率いる自由主義陣営がはげしく戦います。

1833年6月、ドン・ペドロ軍はイギリス海軍の援助を得て、南部のアルガルヴェ地方にテルセイラ公が指揮する艦隊を送り、絶対主義陣営の軍を打ち破ります。テルセイラ公はそのままテージョ川を北上してリスボンを占領しました。

同年7月、ドン・ミゲルはリスボンから撤退し、その後も敗戦を重ねます。そして1834年5月、ポルトガル中央部のエヴォラ・モンテで降伏したドン・ミゲルは、イタリアに亡命し、ポルトガル内戦は終わりました。

ただし、同年9月にドン・ペドロは亡くなり、議会はマリア2世に権力を委譲します。ポルトガル国王となったマ

そのころ、日本では？

1833年、「江戸時代の三大飢饉」に数えられる「天保《てんぽう》の大飢饉」がはじまりました。とくに東北地方では、冷害と長雨がつづき、大凶作が発生しました。米の価格が高騰した結果、日本各地で餓死《がし》者が続出し、一揆《いっき》や民衆の暴動（打ちこわし）が全国で発生しました。

リア2世は、パルメラ公に組閣を命じました。

借金を減らそう

ポルトガルは内戦の経費や戦費を調達するために、海外から多額の借金をしていました。さらに国土は戦争によって荒廃したうえ、ブラジルの植民地も失っていたため、経済的にきびしい状況に陥ります。

1834年、自由主義陣営は、絶対王政陣営を支えていた修道院や教会などから財産を没収して国有化したほか、その土地を競売にかけることによって、借金の返済にあてようとします。このときとばかりに、イギリスによって市場を奪われていたブルジョアジーは土地を購入して、領主となったり、農業の経営者となったりしました。

1836年9月、自由主義の急進派は軍と同調して反乱を起こして政権を奪うと、ドン・ペドロの憲章を廃止し、1822年の憲法を復活させました。この反乱セテンブリスタ（九月党）が中心であったため、セテンブリスタの乱と呼ばれています。

その後、セテンブリスタは地方分権化を進めます。また、失業した軍人たちが政治に関わるようになり、ポルトガルの政治は不安定になりました。
ポルトガルでは1836年、赤道以南の奴隷貿易が禁止されると、それまで関心の薄かったアフリカ大陸のアンゴラやサントメ島の開発に乗り出します。

憲章が復活、そして反乱

内政の混乱がつづくなか、1842年1月に政治家のコスタ・カブラルがクーデターを起こし、政権を握ります。そして、カブラルはふたたび「憲章」を復活させました。また、彼は独裁権力によって中央集権化を促進させる「上からの近代化」を推進します。

そのひとつとして、カブラルは教会での遺体埋葬を禁止する公衆衛生法を進めました。しかし、農民にとって遺体を人里から離れた墓地に埋葬することは、伝統に反する死者への冒涜《ぼうとく》でした。

これをきっかけに、1846年4月にポルトガル北部のミーニョ地方で農民が蜂起しました（マリア・ダ・フォンテの乱）。たくさんの女性たちが農具を持って参加し、司祭に埋葬を要求します。また、役所を襲って小作契約書などの公文書を焼き払いました。

また、「上からの近代化」の一環として、新たな課税のため土地台帳の作成も進められました。しかし、土地をイギリス人に売るために行われているといううわさが広がります。

蜂起の影響で反乱が北部一帯に広がるなか、カブラルに対する不満をもった人びとは、内戦で敗北した聖職者や急進的なセテンブリスタと手を組み、全国に混乱がおよびます。

最終的に、イギリス軍の支援を受けて各地の反乱が鎮圧されます。1846年5月、マリア2世はカブラルを解任しました。その後、カブラルはマドリードに亡命します。

二大政党制はどうだ？

カブラルが解任され、反乱は一時的に収まりました。その後、パルメラ公が権力をにぎりましたが、マリア2世はカブラル派のサルダーニャ将軍に組閣を命じます。しかし、サルダーニャが独裁的な権力をふるったため、1846年10月、パトゥレイアの乱が起こりました。

これは自由主義者がカブラルの政治で恩恵を受けていた人びとに対して起こした反乱で、ミゲル派がセテンブリスタと手を組むなど、事態が複雑化していきます。

最終的に、サルダーニャ内閣はイギリス軍とスペイン軍の援助を得て、ようやくこの反乱を鎮圧すると、1847年6月にグラミド条約を結びます。

こうして国内の情勢がしばらく安定すると、カブラル派がふたたび勢いをとりもどし、1849年にはカブラルが首相になりました。

これに反発したサルダーニャは、1851年4月に軍事クーデターを起こします。長い戦乱や混乱によって疲弊していた国民の事情を考慮したマリア2世は、サルダーニャに組閣を命じるしかありませんでした。

彼は内閣を組織し、1852年には憲法の一部を修正して、直接選挙法を導入します。これによって、憲章がすべての人びとに受け入れられるようになりました。

そして、保守派は刷新党に、自由主義の急進派だったセテンブリスタは穏健化して進歩党に受け継がれます。こうして、刷新党と進歩党の二大政党制が確立され、ふたつの党が政権交代（ロタティヴィズモ）をしながら議会政治をつづけることになったのです。

フォンティズモ

二大政党制が安定した1852年以降、ポルトガルの経済は回復し、国家が主導して道路や鉄道といった社会基盤の整備が進められました。このような動きを、公共事業大臣フォンテス・ペレイラの名前にちなんで、フォンティズモといいます。

1856年にはリスボンとカレガードのあいだに鉄道が敷設され、7年後にはスペインまで延び、フランスともつながります。1877年にはフランス人エッフェルによりドーロ川にマリア・ピア鉄橋が完成し、リスボンとポルトが鉄道で結ばれたほか、19世紀末には、道路網が1万キロメートルに達しました。

1867年7月には、ナポレオン法典の影響を受けた、ポルトガルではじめての民法が公布されました。そのなかで、戦犯以外の死刑が廃止されます。これは、ヨーロッパでもっとも早い死刑制度の廃止でした。

ちなみに、ポルトガル本国およびインド領では、100年以上前にポンバル侯によって布告された奴隷制廃止令が完全には実現されていませんでした。

ヨーロッパでは、人道的な観点から奴隷制廃止運動が盛りあがり、とくにイギリスでは、19世紀前半に奴隷制の廃止が実現しており、奴隷貿易の防止のために海軍によるパトロールまで行われていました。イギリスとの交易がさかんなポルトガルでも、イギリスの圧力によって、1869年に植民地での奴隷制が廃止されます。

ポルトガルでは1875年にリスボン地理学協会が設立され、アフリカ内陸部の探検を積極的に支援しました。

そして、セルパ・ピント大尉をアフリカ中央部への探検に派遣して、ポルトガルはアフリカでの地位を確保しようとしました。セルパ・ピントは1877年から1879年にかけて、アンゴラからモザンビークまでアフリカ大陸を西から東へ横断しています。

バラ色の地図

ヨーロッパでの産業革命の進展によって競争がはげしくなった結果、各国は不況に陥ります。そこで、ヨーロッパ各国はアフリカに目を向け、大陸進出をめざします。ポルトガルも例外ではありませんでした。

ヨーロッパによるアフリカ進出の動きがはげしくなり、ベルギー国王レオポルド2世が1882年にアフリカのコンゴの領有を宣言しますが、イギリスとポルトガルがこれに反対します。このようなアフリカの植民地化に向けた競争や対立を調停するため、1884年11月、ドイツのビスマルク宰相の呼びかけでベルリン会議が行われ、ヨーロッパの14カ国が参加しました。

この会議では、実効支配の原則が決議されます。新たにアフリカの領土を合併する場合、その地域での交通と交易の自由を保障して支配権を確立すること、その地域を先に占領した国が領有権をもつことが定められました。ヨーロッパの国ぐにはほかの国に先

「バラ色の地図」と確定された領域

バラ色の地図　　実際の領域

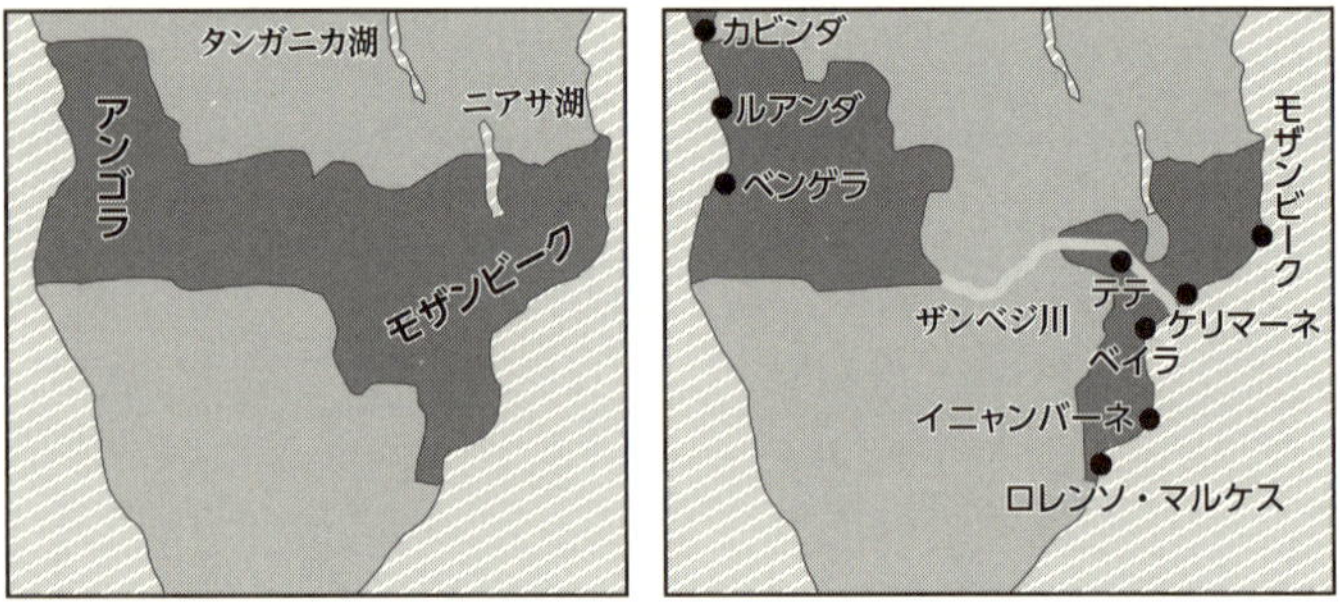

を越されないために動き出し、結果的にアフリカの植民地化が進んでいきます。

また、この会議でポルトガルは歴史的所有権を主張しましたが、認められませんでした。そのため、ポルトガルは１８８６年の国会で「バラ色の地図」を発表します。これは、西アフリカのアンゴラと東アフリカのモザンビークを結び、大西洋からインド洋にいたる範囲の領有権を主張するものでした。

この地域の領有についてドイツとフランスから了承を得たポルトガルは、先住民と戦闘しながら支配を進めます。しかしこれは、ケープタウンからアフリカ中央へ北上しようとするイギリスの政策と対立するものでした。

1890年、ポルトガルは、アンゴラとモザンビークのあいだの内陸部からすぐに撤退するようにイギリスから要求されます。ポルトガルはドイツから支援を得られなかったうえ、軍事力でイギリスに劣っていたため、それらの地域を放棄しました。

国王暗殺事件

ポルトガルの国民は、政府がイギリスの圧力に屈したとして、アフリカからの撤退をはげしく批判します。立憲王政に反対していた共和主義者は、この状況を絶好の機会と考えて、政府を批判しました。

当時、ポルトガルに普及していた新聞のほとんどが共和党を支持し、共和主義は大都市の中産階級の人たちに広がっていきます。はげしい批判を受けた進歩党のカストロ内

そのころ、日本では？

明治時代中期の1889年、大日本帝国憲法が公布されました。これは、日本初の近代憲法であるだけでなく、東アジアで最初の近代憲法です。この憲法は、終戦後の1947年に日本国憲法が施行されるまで、いちども改正されませんでした。

閣は、1890年1月に総辞職しました。その後、刷新党のピメンテル内閣が成立しましたが、国会がイギリスとの協定に従うことを拒否します。

さらに、翌年1月には、ポルトガルの経済危機などを理由に、ポルトガルではじめて共和主義者による反乱が起こりました。この反乱はすぐに鎮圧され、アフリカにあったポルトガル領の割譲は、ほかの国ぐにの事情で回避できたため、二大政党制は維持されます。

ただし、1906年に王党派の政党が内部抗争によって分裂すると、国王カルロス1世はジョアン・フランコ首相の独裁政権を認めました。すると、フランコは共和党議員を国会から追放します。さらに、カルロス1世の不倫や王室の財政に関するスキャンダルが明らかとなったため、国民は強く非難しました。しかし、カルロス1世は、多くの大臣が辞任するなか、フランコ首相の支持を表明したのです。

しかし、1908年2月1日、カルロス1世とその長男ルイス・フィリペは、デモやストライキが頻発《ひんぱつ》するリスボンの広場に馬車で通りかかったときに、共和党員による銃撃を受けて暗殺されました。

知れば知るほどおもしろいポルトガルの偉人⑥

日本に魅せられたポルトガル人作家

ヴェンセスラウ・デ・モラエス

Wenceslau de Moraes

（1854～1929）

日本文化を世界に紹介した外交官・作家

モラエスは、1854年ポルトガルのリスボンに生まれ、海軍軍人としてのキャリアを築きます。モザンビークやマカオなどに駐留したのち、1889年35歳で初来日しました。日本文化に魅了された彼は、神戸と大阪のポルトガル領事に就任し、1900年には日本人女性のおヨネと結婚しました。

しかし、1912年におヨネが病で亡くなります。するとその翌年、モラエスは軍籍と外交官を辞めて、おヨネの故郷である徳島に移住しました。おヨネの姪《めい》コハルと生活を始めましたが、コハルも３年後に他界します。

以後、モラエスは徳島で隠遁《いんとん》生活を送りながら、『徳島の盆踊』『おヨネとコハル』などの著作を通じて日本文化を世界に紹介しました。1929年、75歳で徳島の地に永眠するまで日本式の生活を貫き、日本文化への深い愛着を示しつづけました。

chapter 7

世界大戦とポルトガル

第一共和政がスタート

王政打倒をめざす過激な共和主義者によって暗殺されたカルロス1世の次男が、1908年2月にマヌエル2世として18歳で即位します。

マヌエル2世は独裁的権力をもっていたジョアン・フランコを首相の任から解くなど、政治改革を進めようとしました。しかし、すでにポルトガルの王政は以前のようには機能しておらず、うまくいきませんでした。

そうしたなか、共和党は都市部を中心に急速に勢力を伸ばしていきます。そして1910年8月の国政選挙で、共和党は首都リスボンで圧勝しました。ただし、ポルトガル全体でみると農村部を中心に支持されていた王党派が優勢で、共和党はこの選挙で200ある議席のうち14議席のみでした。

このままでは政権をとることはできないと考えた共和主義者たちは、同年10月3日、リスボンで革命を起こします。政府軍は、いったん革命軍の鎮圧に成功しかけました。

ところが、共和主義を支持する海軍下士官たちがテージョ川に停泊していた政府軍の軍艦を乗っとり、王宮に向けて砲撃をはじめます。マヌエル2世とその一族は王宮を捨て、イギリス領のジブラルタルへと亡命しました。

10月5日、共和党の指導部はリスボン市役所で共和政の樹立を宣言します。これにより、約270年間つづいたブラガンサ朝が終わり、ポルトガルはスイス、フランスに次いでヨーロッパで3番目の共和国となりました。こうして、ポルトガルにおける第一共和政がはじまります。

なお、革命軍を主導していたのは急進的な共和主義者たちでした。彼らが政府軍とはげしい戦闘をくり広げているあいだ、共和党指導部はそれを傍観《ぼうかん》していました。そして、革命が成功すると、指導部は党幹部のテオフィロ・ブラガ

を臨時大統領に選出し、急進派を切り捨てます。

遅れているのはカトリックのせい？

ポルトガルの共和主義者たちは、自分たちの国が周辺国とくらべて遅れているのはカトリックへの信仰のせいだ、と考えていました。

そのため、共和政府はイエズス会の追放や、そのほかの修道会の解散、教会財産の没収など、反カトリック的な政策を実行します。さらに、同年11月にはカトリックが禁止していた離婚も認め、女性などの権利も認められるようになりました。

共和政府は1911年4月に政教分離法を制定し、社会から完全にカトリックの影響を排除しようとします。カトリック教会の中心であるローマ教皇庁は、これらの動きに強く反発しました。その結果、ポルトガルはローマ教皇庁と断交します。

そのほかにも、共和政府は貴族制の廃止やストライキ権の認可などを実現させることで、以前の王政とのちがいを国民に示そうとしました。これらの政策は多くの国民から支持されます。

1911年5月、憲法を制定する議員を選ぶための選挙が行われました。このとき、医者や海軍士官、弁護士、教師といった都市部の裕福な人物ばかりが当選します。貧しい労働者階級の人びとはこの選挙結果に反発し、各地ではげしい労働運動を起こしました。

また、共和党自体も選挙では議会を独占したものの、同年8月に新憲法が公布された直後から党内で権力争いが起こります。その結果、民主党、改進党、統一党に分裂し、第一共和政の内閣は不安定な状態がつづきました。

ただし、国民の多くは王政の復活を望んでおらず、10月には王党派の軍人パイヴァ・コウセイロが、1000人ほどの兵を率いて北部で反乱を起こします。ただ、北部の保守的な人たちもコウセイロを支持せず、この反乱はすぐに鎮圧されました。

そのころ、日本では？

明治時代末期の1911年、日本とアメリカのあいだで日米通商航海条約が結ばれました。これにより、日本は幕末にアメリカと結んだ不平等条約の改正に成功し、関税自主権をとりもどします。以後、日本は欧米列強との不平等条約をつぎつぎと改正していきました。

第一次世界大戦の裏で

民主党の指導者であるアフォンソ・コスタは、対立していた統一党と手を組み、1913年1月、首相に就任します。コスタは、小規模な土地所有者が有利になるように税制を改革し、長年ポルトガルを苦しめていた財政赤字を解消しました。

その一方で、共和国護衛隊を創設してストライキやデモを弾圧します。これにより、1911年には162件もあったストライキは、1913年には19件にまで減少しました。こうしたコスタの強権的な政策により、民主党は都市労働者からの支持を失いますが、社会が安定したために国内では支持を広げます。

1914年7月、イギリス、フランス、ロシアなどによる連合国と、ドイツ、オーストリア・ハンガリー帝国、オスマン帝国などによる中央同盟国が衝突する第一次世界大戦が勃発しました。

この戦争に対して、ポルトガルの世論は親英派と親独派に分かれます。しかし、コスタ内閣は連合国側への参戦を模索していました。

急進的な革命によって成立したポルトガルの第一共和政は、多くのヨーロッパ諸国からはげしく非難されました。そんななか、イギリスが最初にポルトガルの第一共和政の支持を表明したことで、両国は良好な関係にあったのです。そのため、ポルトガルは外交政策において、イギリスとの友好関係の維持を最優先と考えていました。

ただし、イギリスはポルトガルの参戦を望んでいたわけではありません。イギリスとしては、ポルトガルが中央同盟国側にさえつかなければよかったのです。

しかし、コスタ内閣はポルトガル第一共和政を国際的に認めさせ、アフリカ植民地を確保するというふたつの目的から、参戦をめざしていました。

1915年1月、参戦に反対していたマヌエル・デ・アリアガ大統領は、統一党と連携することで民主党内閣を総辞職に追いこみます。そして、陸軍軍人のピメンタ・デ・カストロに組閣を命じました。9人の閣僚のうち7人が陸海軍の軍人で占められたカストロ内閣は、強引に参戦派をおさえこもうとします。さらに、王党派や教会に対して寛容な政策を行おうとしました。

同年5月、民主党は共和国護衛隊と一部の軍人とともにクーデターを起こし、カスト

第一次世界大戦の戦況

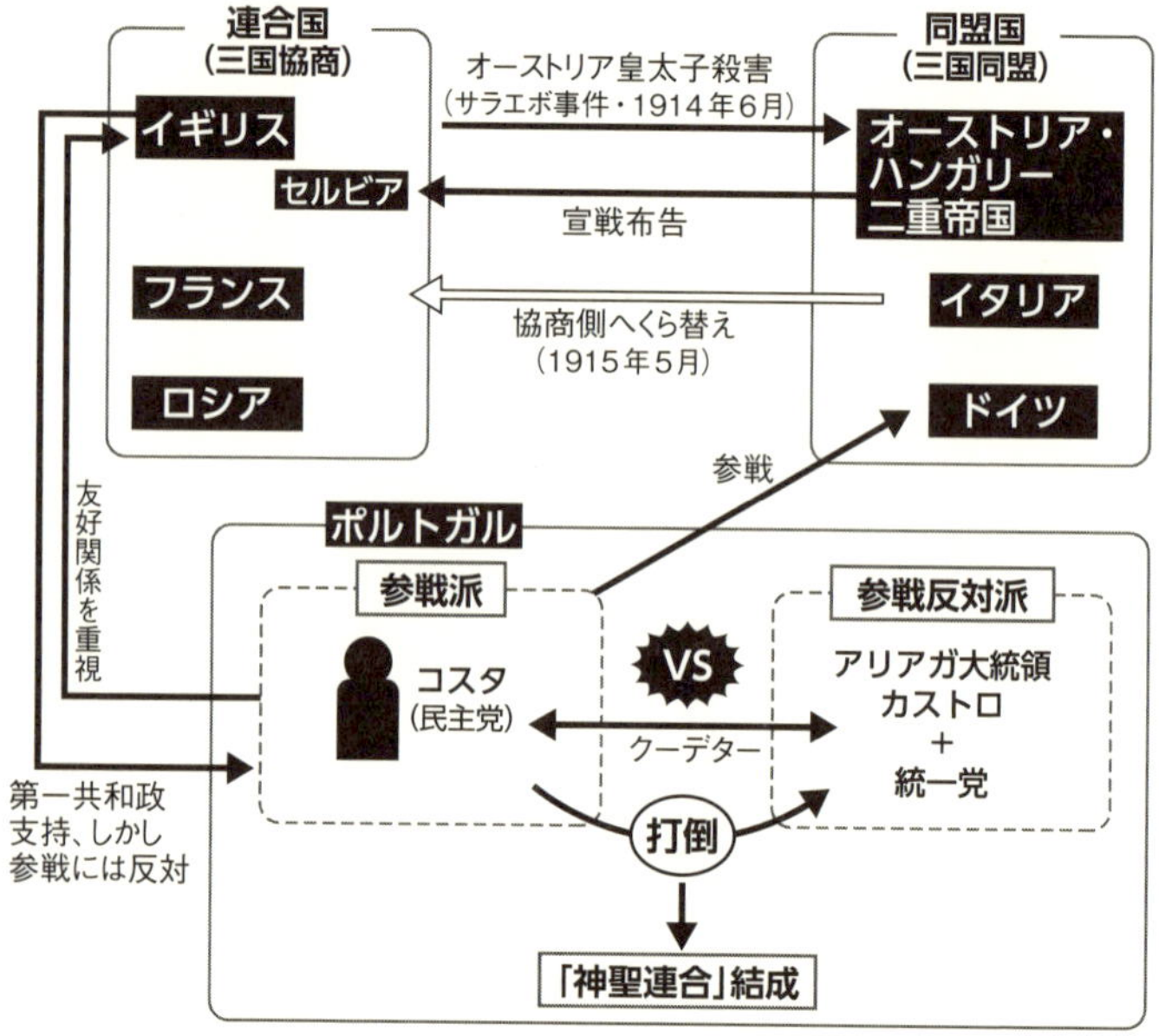

ロ内閣を打倒します。そして6月の総選挙でも圧勝したため、コスタ内閣がふたたび成立しました。

1916年2月には、コスタ内閣はイギリスの反対を押し切って、リスボンに停泊していたドイツ商船を拘束すると、ドイツがポルトガルに対して宣戦布告をします。また、改進党と連携することで国内の政治的対立を封じこめ、コスタは「神聖連合」という名の挙国一致内閣を結成します。

パイスのクーデター

第一次世界大戦に参戦したポルトガルは、ヨーロッパ戦線とアフリカの植民地に5万人以上の将兵を送りこみました。そのため、戦争の費用が国民に重くのしかかります。このころ、ポルトガルでは凶作がつづいていましたが、戦争によって小麦の輸入が滞りました。この状況下で不満を募らせていた国民は、ポルトガル各地で暴動を起こします。

1917年12月、陸軍少佐シドニオ・パイスは、国民の不満に乗じて軍事クーデターを起こして政権を握りました。パイスはクーデターの際、南部の大地主たちから資金援助を受けます。カリスマ性があった彼は、共和政に不満を抱いていた王党派の青年たちから熱狂的に支持されました。

パイスは、直接選挙制で大統領が選出されるように憲法を改正すると、1918年4月の総選挙で圧倒的な支持を得て大統領に就任し、独裁政治を行うようになります。

しかし、戦時下における国民の苦しい生活が一向に改善されなかったため、期待を裏切られた民衆は各地でデモやストライキを起こすようになりました。

パイスは軍事評議会を設置し、反対勢力を軍事力でおさえこもうとしますが、そのせいでよけいに国民から支持されなくなります。さらに、王党派も大統領の独裁が強まることで王政が復活する可能性が低くなったため、パイスから離れました。

第一次世界大戦が1918年11月11日に終結し、連合国側で参戦していたポルトガルは戦勝国となります。その約1カ月後、政権内で孤立していたパイスは、リスボンで急進的な共和主義者によって暗殺されました。

王党派VS共和派

パイスの死後、議会ではすぐにパイスによる憲法改正が取り消され、海軍提督のカント・イ・カストロが大統領に選出されます。

ところが、共和政を否定する王党派の軍人たちは1919年1月、南部のリスボンと北部のポルトで反乱を起こし、王政の復活を宣言しました。ただし、リスボンでの王党派の反乱は、政府軍とリスボン市民の手によってすぐに鎮圧されます。

一方、ポルトで起こった王党派の軍人は勢力を伸ばし、「北部王国」を宣言しました。

しかし、国民の支持を得ることはできず、1カ月ほどで崩壊します。

こうして内戦が終わり、1919年5月の総選挙で勝利を収めた民主党が政権に返り咲きました。そしてサ・カルドーゾ大佐が首相に就任し、形式的にはポルトガルの政治はシドニオ・パイスのクーデター以前の状態にもどります。なお、このころの経済の状況は、第一次世界大戦中よりも悪化していました。

1919年6月28日、第一次世界大戦後に結ばれたヴェルサイユ条約で、ポルトガルはすべての植民地の領有を認められました。しかし、莫大な戦費の影響などにより、通貨エスクードの価値は1919年からの数年間で20分の1にまで暴落し、国民は物価高に苦しむようになります。

この状況に加えて、共和政の樹立に関わっていた大物政治家たちの多くがすでに政界から引退していたため、政治家の人材不足が大きな問題となっていました。

かわりに、大戦で功績のあった軍人たちが政治に介入するようになります。多くの軍人が入閣した結果、政治は余計に混乱し、1919年から1921年までの3年間で18もの内閣が交代する事態になりました。そして、共和主義者たちのあいだでも、右派と左派の対立がはげしくなっていきます。

そんななか、1921年10月19日にリスボンでアントニオ・グランジョ首相をはじめとした数人の共和主義右派の政治家が、急進的な共和主義左派の者たちによってつぎつぎと暗殺されるという「流血の夜」事件も発生しました。

第一共和政の終わり

「流血の夜」事件以降もポルトガルでは短期政権がつづきましたが、経済状況はいったん安定傾向にありました。そのため、国の借金も1925年には1910年時点の約半分となります。

これを受けて、民主党政権は資産家に対する累進課税や産業の国有化、社会福祉の充実といった社会主義的な政策に取り組もうとしました。これらの政策は、おもに中部と南部の都市で暮らす人びとから支持されます。

しかし、資本家や地主は民主党の社会主義的な政策に危機感を覚え、政府に抵抗するために「経済同友会」を結成しました。また、改進党と統一党はひとつになって国民党を結成し、軍に政治への介入を要請することで、民主党と対抗しようとします。

そんななか、1925年4月に、リスボンで一部の軍人たちが蜂起しました。この蜂起は、経済同友会から資金援助を受けており、国民党や王党派も支持します。

政府はこの軍事蜂起をなんとか鎮圧しますが、相次ぐクーデターや暗殺などにより、ポルトガルの第一共和政は末期状態にありました。そして1926年5月28日、第一次世界大戦の英雄だったゴメス・ダ・コスタ将軍が北部の都市ブラガで軍事クーデターを起こし、リスボンに向けて進軍を開始します。

コスタ将軍の反乱は、軍部の大半から支持され、さらに王党派や右派だけでなく、民主党政権に批判的だった共和主義者や社会主義

者の支持も得ていました。また、国民の多くも、短期政権がつづく不安定な状況の改善を望みます。

幅広い支持を得たコスタ将軍の反乱をおさえきれないと判断した民主党のアントニオ・マリア・ダ・シルヴァ内閣は、総辞職しました。この事態に対し、ベルナルディーノ・マシャド大統領は、保守的ながら共和主義者とみなされていたメンデス・カベサダス将軍に組閣を命じます。そして、カベサダス将軍に全権を委任して、マシャドは大統領の職を辞任しました。

こうしてカベサダス内閣が成立しましたが、数日後にカベサダスはコスタ将軍の圧力によって辞任を余儀なくされます。ついに全権を掌握したコスタ将軍が軍事独裁政権を樹立したことで、ポルトガルの第一共和政は終わりました。

カルモナの独裁

軍事独裁政権を築いたコスタ将軍でしたが、過去の左翼的な言動が軍部に嫌われたことや失策が相次いだことで、わずか1カ月ほどで失脚します。コスタはアソーレス諸島へ追放され、以後、表舞台に復帰することはできませんでした。

その後、コスタ将軍の跡を継いだオスカル・カルモナ将軍が権力を握ります。カルモナは政治的野心が薄く、全体の合意を重んじる性格だったことから軍の支持を得ます。1926年11月に臨時大統領の座に就いたカルモナ将軍は、経済危機の克服と秩序の回復を掲げ、議会の解散やストライキの禁止、新聞の事前検閲《けんえつ》などの政策を実行しました。

これらの強権的な政策や、軍事独裁政権が長期化することが明らかになってきたことで、コスタ将軍が軍事クーデターを起こしたときにそれを支持していた左翼勢力も、しだいに反発を強めるようになっていきます。

そして1927年2月3日、カルモナ将軍の軍事独裁政権に批判的な一部の軍部と民主党左派、および共和主義者

そのころ、日本では？

ラジオでの東京六大学野球の実況放送がはじまったのは、1927年でした。最初に放送されたのは、早稲田大学と明治大学の試合です。以後、東京六大学野球は全国的に爆発的な人気を呼び、戦前はプロ野球よりも注目を集め、野球といえば東京六大学野球のことでした。

の民間人がポルトで反乱を起こし、市役所や参謀本部を占拠しました。さらに2月7日にはリスボンでも、共和国護衛隊の一部と海軍の将兵、武装した市民が蜂起します。

反乱軍は政府軍とはげしく戦いましたが、最終的には圧倒的な政府軍の戦力の前に敗北しました。反乱を鎮圧したカルモナ政権は、700人以上の軍人や市民を逮捕し、きびしく罰します。これにより、軍事独裁政権に対する反対勢力は、ポルトガルから一掃されました。

この状況に、アフォンソ・コスタやベルナルディーノ・マシャドといった第一共和政時代の政治家たちと知識人の一部はフランスに亡命しました。そして、パリで「共和国防衛同盟」、通称「パリ同盟」を結成して、国外から反政府活動を支援するようになります。

救世主サラザール

カルモナ将軍の軍事独裁政権は反乱を鎮圧し、反対勢力を一掃することで国内の秩序回復に成功しました。ただ、相次ぐ政変からポルトガルの経済は悪化しつづけます。

政府は、危機を脱するには外国から借金する以外にないと判断し、国際連盟に助けを求めます。この動きに対し、「パリ同盟」の政治家たちは国際連盟に働きかけ、軍事独裁政権への支援を妨害しようとしました。

最終的に、国際連盟はポルトガルへの財政支援を認めるかわりに、国際連盟によるポルトガルの国家財政の管理という条件をつきつけます。しかし、政府は国家の威信を失うと考え、交渉を打ち切りました。この政府の決断は、国民から熱狂的な支持を受けますが、財政問題はまったく解決しませんでした。

そこで政府は、コインブラ大学の財政学教授だったアントニオ・デ・オリヴェイラ・サラザールに、大蔵大臣への就任を要請します。サラザールは、財政支出のあらゆる面に関して自分が拒否権をもつことを条件に、大蔵大臣への就任を承諾しました。

ちなみに、サラザールは急進的なカトリック団体の指導者としても知られており、政府としては彼を入閣させることで、第一共和政時代に悪化していたカトリック教会との関係を修復しようというねらいもありました。

1928年に大蔵大臣に就任したサラザールは、教育・福祉関係の徹底した支出の削減と重税を実行に移します。その結果、長年ポルトガルを苦しめていた財政赤字を1年で黒字にしました。

さらに、1929年に世界恐慌が発生すると、サラザールは失業者対策のため公共事業を拡大して、恐慌による被害を最小限におさえます。

なお、当時のポルトガルが恐慌の発生源であるアメリカにあまり依存していなかったことも、ポルトガルが世界恐慌の影響を大きく受けずに済んだ要因でした。

国民から「ポルトガルの救世主」と称賛されたサラザールは、政権内部での発言力と影響力を強めていきます。

独裁だけど共和政

サラザールが大蔵大臣に就任してから1930年までのあいだに首相が3人も替わりますが、彼は大臣として内閣に留まりつづけました。大統領であるカルモナ将軍の存在感はしだいに薄まっていき、実質的にはサラザールが国を動かすようになります。

1930年7月、サラザールは自身の理念にもとづいて政治を動かすための非政党組織「国民同盟」を結成しました。さらに、1932年5月には軍部が4000人の将校の署名を集めて、サラザールに忠誠を誓います。

着々と権力基盤を固めたサラザールは、同年7月、カルモナ大統領から首相に任命されます。このとき、すでにカルモナは実権を失っており、サラザールが名実ともにポルトガルの指導者となりました。

サラザールの内閣では、8人の閣僚のうち4人が大学教授で占められ、軍人による独裁体制は完全に終焉《しゅうえん》しました。この政府は学者であり政治家でもあるサラザールによる独裁体制でしたが、少なくとも軍事独裁体制ではなくなったことから、サラザールの首相就任以降のポルトガルは第二共和政とも呼ばれています。

このように形式的には共和政にもどったことで、国外から共和政復帰運動を支援していた「パリ同盟」の存在意義は薄れました。また、同年、イギリスに亡命していた前国王のマヌエル2世が亡くなったため、王政が復活する可能性もなくなります。こうして、サラザールの体制は盤石なものとなったのです。

1933年3月、サラザールは協調組合主義（コルポラティズム）にもとづいた新憲法を公布し、新国家体制（エスタド・ノヴォ）の成立を宣言しました。コルポラティズムとは、すべての国民を農業、漁業、商工業、運輸業などの職能別の組合に組織するというものです。

国会は、地域の代表からなる国民議会と、職能組合から送られた代表からなる組合議会の二院制となりました。ただし、内閣が政令で法律を制定できたため、行政府である内閣が立法府である国会よりも強い権力をもつことになります。やがてサラザールは首相、大蔵大臣だけでなく、陸軍大臣や海軍大臣、外務大臣も兼任するようになり、権力を完全に独占しました。サラザールの許可がなければ、なにひとつ決められない体制ができあがったのです。

戦時中に博覧会⁉

サラザール体制下のポルトガルでは、ストライキは禁止され、労働組合は完全に国家によって管理されるようになりました。また新聞や雑誌はすべて検閲され、秘密警察が反政府的な活動を弾圧するなど、強権的な政治が行われます。

宗教面では、サラザールの第二共和政は第一共和政とはちがい、カトリックが尊重されるようになりました。サラザールはカトリックの教えにもとづき、国の精神的理念として「神・祖国・家族」という標語を掲げます。

さらに、ローマ教皇庁と協約を締結し、第一共和政成立時に断絶した教会との関係を修復しました。ただし、第一共和政のときに没収した教会の財産は返還せず、カトリックを国教にはしませんでした。

１９３９年に第二次世界大戦が勃発すると、ポルトガルはドイツ、イタリアの枢軸国側に好意的な姿勢をとりながらも、中立を宣言しました。その中立の立場を利用して、戦略物質であるタングステンを両陣営に輸出することで利益を上げ、ポルトガルは好景気になります。この時期が、サラザール体制の絶頂期でした。

その絶頂期を象徴するように、1940年にはポルトガルの建国800周年、スペインからの再独立300周年を記念してポルトガル世界博覧会が開催されます。当初、世界各国が参加する予定でしたが、第二次世界大戦がはじまったため、この博覧会はポルトガルとその植民地だけが参加することになりました。

1943年に入り、戦局が連合国側に有利になりはじめると、ポルトガルはひそかにイギリスに接触し、アソーレス諸島にある基地をイギリス軍が使用することを許可します。さらに、アメリカ軍に対しても基地の使用を認めました。

このような連合国側への貢献によって、1945年に第二次世界大戦が終結したあとも、サラザールの独裁体制は国際社会から許容されます。

西側陣営へ

第二次世界大戦後、世界的には民主主義が主流となっていきますが、サラザールは体制の維持を宣言し、その正当性を示すため1945年11月に国民議会選挙を実施しました。この選挙で、野党勢力は「民主統一運動」を組織して対抗しようとしますが、政府が妨害したため立候補者を出すことができませんでした。結果、選挙で圧勝したサラザールは、体制を盤石なものとします。

さらに、第二次世界大戦後にアメリカを中心とする西側陣営と、ソ連を中心とした東側陣営の対立である東西冷戦がはじまったことが、サラザールの独裁体制に有利に働きました。西側陣営はポルトガルを自分たちの味方にするため、1949年に西側陣営の軍事同盟である北大西洋条約機構（NATO）にポルトガルが加盟することを認めます。その後も、1955年に国際連合への加盟、1960年には欧州自由貿易連合（EFTA）への加入が認められるなど、ポルトガルはサラザールの独裁体制を維持したまま、西側陣営の一員として受け入れられました。

ただ、ポルトガル国内では、多くの労働者が低賃金で働き生活が苦しかったことに加え、サラザールの独裁体制が長すぎることに対して、国民の不満は高まっていました。それでもサラザールは、反体制運動を徹底的に弾圧することで、体制の維持を図ります。

植民地での戦争

アフリカでは、1960年にイギリスとフランスの植民地がつぎつぎと独立を果たしました。そのため、この年は「アフリカの年」とも呼ばれています。この影響を受け、アフリカにあるポルトガルの植民地でも独立運動が起こりましたが、サラザールは独立を認めませんでした。

そんななか、1961年に反サラザール派だったポルトガルの軍人エンリケ・ガルヴァン大尉《たいい》が、客船サンタ・マリア号を乗っとるという事件が起こります。ガルヴァン大尉はアメリカに捕えられましたが、ポルトガルの反体制勢力に好意的だったブラジルのジャニオ・クアドロス大統領によって保護されました。そして、ガルヴァン大尉はサラザールの圧政を世界中に訴えます。

その結果、サラザールの独裁体制と植民地の独立を認めない姿勢に、世界からきびしい目が向けられるようになりました。とくにアメリカは、国連でポルトガルの植民地政策に反対するとともに、アンゴラの独立運動を支援するようになります。西側陣営の中心であるアメリカの対応は、サラザール体制にとって大きな打撃となりました。

こうした状況下で、アフリカのポルトガル植民地ではつぎつぎと植民地解放戦争がはじまります。1961年にはアンゴラ、1963年にはギネ・ビサウ、1964年にはモザンビークで、現地の解放軍とポルトガル軍のあいだではげしい戦闘がくり広げられました。

解放軍は、ソ連や中国からの軍事支援を受けて武装を強化するとともに、国際世論を味方につけます。戦争は長期化し、ポルトガルは国家予算の4割をつぎこみ、20万もの将兵をアフリカに送りこんだものの、決定的な勝利を得ることはできませんでした。

カーネーション革命

植民地戦争がつづいていた1968年8月、サラザールは転倒事故で頭を強く打ち、政務が行えない状態になります。唐突に独裁体制は終わりました。

翌月、カルモナ大統領によってリスボン大学の法学部教授だったマルセロ・カエターノが首相に任命されました。国民はサラザール体制が終わったことを歓迎し、カエターノによる政治に期待しますが、独裁体制そのものは継続されます。

カエターノはサラザール時代の圧政からの脱却を図り、検閲の緩和などを実施しますが、植民地の独立については認めませんでした。

しかし、サラザールという絶対的な存在がいなくなったことで、ポルトガルの体制は揺らぎはじめます。当時、植民地戦争の前線で戦っていた若い将校たちは、植民地側の戦略を知るために、国内になかった共産主義の思想にふれていました。その影響で、将校たちは政府の植民地政策に疑問を抱くようになり、体制にも批判的になっていきます。

軍部では、ギネ・ビサウの最高司令官アントニオ・デ・スピノラが、1974年2月に出版された書籍のなかで、植民地の解放勢力との和平交渉を提唱し、国内で反響を呼んでいました。将校たちは、植民地への武力弾圧に反対するスピノラのもとに集まり、植民地の解放と独裁体制の打倒をめざす「国軍運動」を結成します。

そして、1974年4月25日、若い将校たちはポルトガルの各地で反乱を起こし、いっせいにリスボンに向かって進軍を開始します。このとき、ポルトガルの国軍のほとんどがアフリカの植民地戦争に送りこまれていたため、政府はまったく反撃しませんでした。その日の夕方には、カエターノはスピノラに全権を譲りました。

この将校たちの無血革命によって、約42年間にわたってつづいてきたサラザールとカエターノによる独裁体制は崩壊しました。

独裁体制からの解放を待ち望んでいた国民は、反乱を起こした兵士たちの銃口に革命のシンボルとなる赤いカーネーションをさして、感謝の意を表明しました。そのため、この革命は「カーネーション革命」とも呼ばれています。

革命成功の直後、スピノラ将軍を議長とする「救国軍事評議会」は、検閲などの廃止、結社の自由、政治犯の釈放など、国内の民主化を進めました。一方、植民地に関しては、国民の総意によって決定すると発表します。

ひみつコラム

ポルトガルの国旗と国歌

大航海時代にまつわる旗と歌

ポルトガルの国旗は、1910年の共和政への移行後に制定されました。それ以前は白と青を基調とした旗でしたが、君主政の時代を断ち切るために赤と緑の2色で構成されるようになりました。赤色は勇気と犠牲を、緑色は希望を表しています。

国旗に描かれている紋章は、ポルトガルの歴史を象徴する要素で構成されています。5つの青い盾は、初代ポルトガル王・アフォンソ1世が破った5つの公国を意味しています。

盾の周囲は黄金の7つの城が囲い、これらはムーア人から奪いかえした城砦の数を示しています。それらの背景にある黄色の球体は天球儀です。球体の表面には子午線、赤道、黄道なども描かれており、紋章全体が測量術の発展と新航路の発見による大航海時代のポルトガルの繁栄を意味しているのです。

ポルトガル王国の国旗
（1830～1830）

現在のポルトガルの国旗

現在の国旗になるまで、青と白の２色が使われていましたが、
君主制時代と決別するために大きく配色を変更しました。

ポルトガルの国歌は「ア・ポルトゥゲーザ（A Portuguesa）」で、作詞はエンリケ・ロペス・デ・メンドンサ、作曲はアルフレド・ケイルです。

１８９０年に作曲され、共和革命では共和主義者の反乱軍がこの曲を行進曲に採用しました。その後、あらたにポルトガル共和国ができると正式に国歌となります。

歌詞では、ポルトガルの栄光ある過去と未来への希望が表現されています。海、大砲、新世界など、かつての大航海時代を想起させる単語が使われているのも特徴です。

ア・ポルトゥゲーザにはポルトガル人の愛国心と誇りがこめられており、歴史を象徴する重要なシンボルといえるでしょう。

知れば知るほどおもしろいポルトガルの偉人⑦

ファドの女王

アマリア・ロドリゲス

Amália Rodrigues

（1920～1999）

ポルトガルが誇る国民的歌手

アマリア・ロドリゲスは、「ファドの女王」とも呼ばれる、世界的な歌手です。ファドとは、19世紀初頭に生まれたポルトガルの国民的な歌謡です。

アマリアは1920年にリスボンの貧しい家庭に生まれ、18歳で歌手デビューすると、ファド歌手としてミュージカルや映画にも出演します。フランス映画「過去をもつ愛情」で彼女が歌った「暗いはしけ」は世界的にヒットしました。

1974年、ポルトガル国内でファドの人気が下火になり、アマリアも批判の対象になることがありましたが、その20年後に再評価されました。50年以上、世界各国の舞台で芸能活動を続けた彼女は1999年に死去しました。現在はリスボンのサンタ・エングラシア教会に埋葬されています。なお、リスボンにある彼女の自宅は、美術館として一般公開されています。

chapter 8

これからのポルトガル

植民地がどんどん独立

「カーネーション革命」を成功させたあと、スピノラは臨時政府を樹立して、臨時大統領となります。そして、彼を支持する民主大衆党、マリオ・ソアレスが率いる社会党、アルヴァロ・クニャルが率いる共産党を中心とした内閣が組閣されました。これ以降、現在までのポルトガルを第三共和政といいます。

ところが、この内閣では成立直後から植民地問題をめぐってはげしい対立が起こりました。革命から約1カ月後の1974年5月に正式な大統領となったスピノラは、ポルトガル本国と植民地による連邦制を構想していました。

一方で、「国軍運動」の中核となっていた若い将校たちは、植民地の完全な独立をめざしていたのです。この対立が国内を二分するほど発展した結果、最終的にスピノラは政争に敗れ、同年9月に大統領を辞任します。

その後、「国軍運動」を支持していたコスタ・ゴメス将軍が大統領に就任しました。彼が社会党の書記長だったマリオ・ソアレスを外務大臣に任命したことで、植民地の解放は一気に進みます。

1974年9月にはギネ・ビサウ、翌年6月にはモザンビーク、11月にはアンゴラの独立が承認されました。

また、植民地解放戦争が起こらなかったサントメ・プリンシペとカボ・ヴェルデも、それぞれ独立を果たします。

なお、アジアにあるポルトガル植民地だった東ティモールは、1976年に独立を宣言しましたが、その直後にインドネシアの侵攻を受けて、インドネシアの27番目の州として併合されました。

ポルトガルから独立した国ぐに

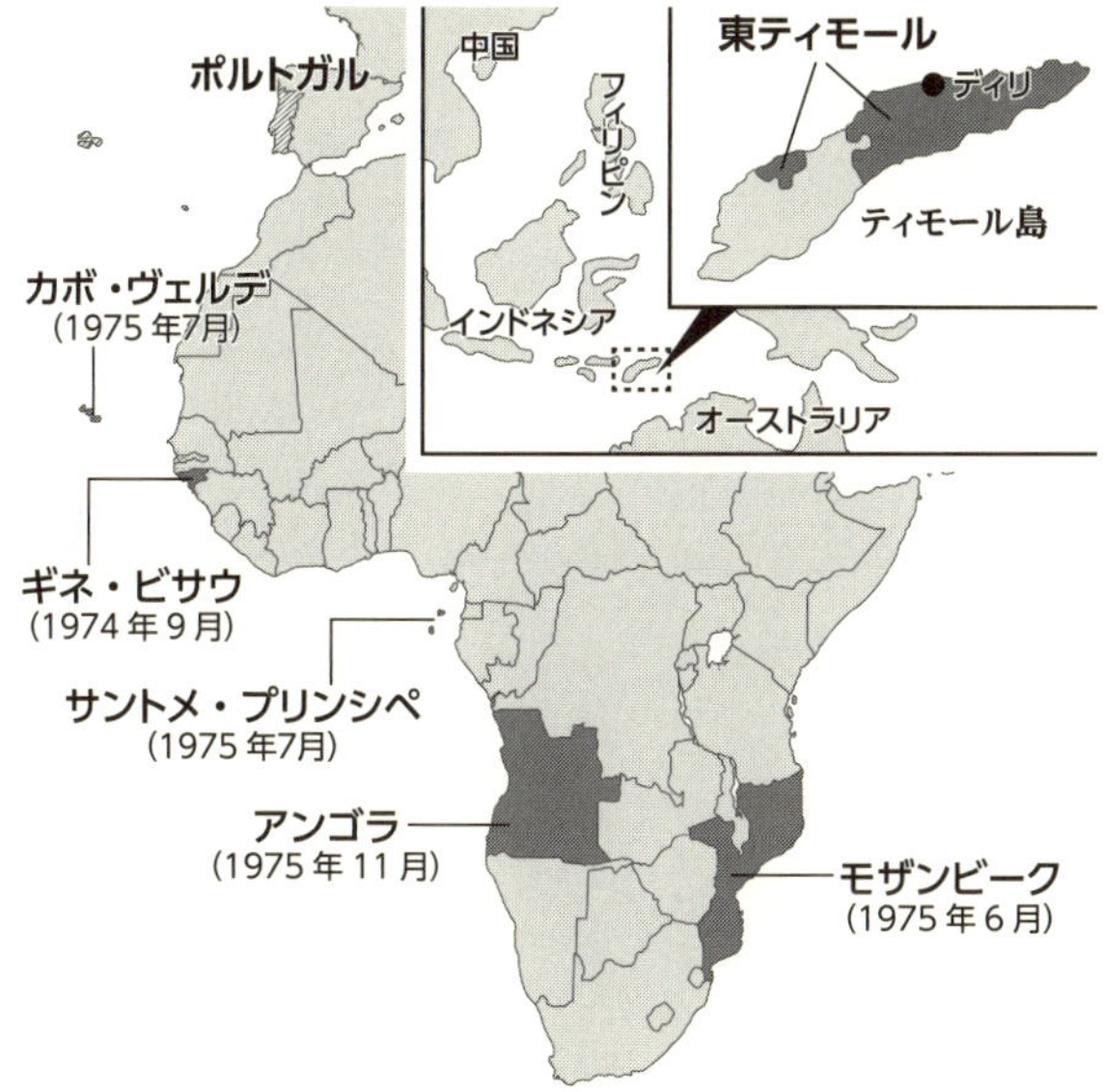

進む共産主義化

コスタ・ゴメス将軍が大統領となって以降、共産主義思想に強い影響を受けた「国軍運動」の若い将校たちと共産党が、政治の実権を握りました。そのため、ポルトガルは急速に共産主義化していきます。

1975年3月、国家の最高機関として、革命評議会が成立しました。この評議会は、政府を監視し、独自の立法権をもっており、まず銀行などの産業の国有化を決定します。翌月には農地改革を実行し、700ヘクタール以上の農地を無償で没収し、421の集団農園として再編しました。これは、ポルトガルの近代化を進めるうえで長年障害とされてきた南部の大土地所有者たちを弱体化させるためのものでした。しかし、この強引な共産主義化に、国民の多くは反発を覚えました。

1975年4月25日に、約半世紀ぶりの自由な選挙が行われ、投票数の約38パーセントを獲得した社会党が第一党となりました。第二党は約26パーセントを獲得した人民民主党で、共産党の得票率は協力関係にあるポルトガル民主運動と合わせても約17パーセントでした。つまり、国民のおよそ3分の2が革命評議会の政策に反対したのです。
ところが、この選挙のあとも、共産党は社会党と対立しつづけます。さらに同年7月、「国軍運動」はこの選挙の結果を無効とするため、軍と人民の一体化をめざし、複数政党制を否定するソ連や東欧型の「人民議会」の構想を打ち出しました。

国会の勢力分布(1976年)

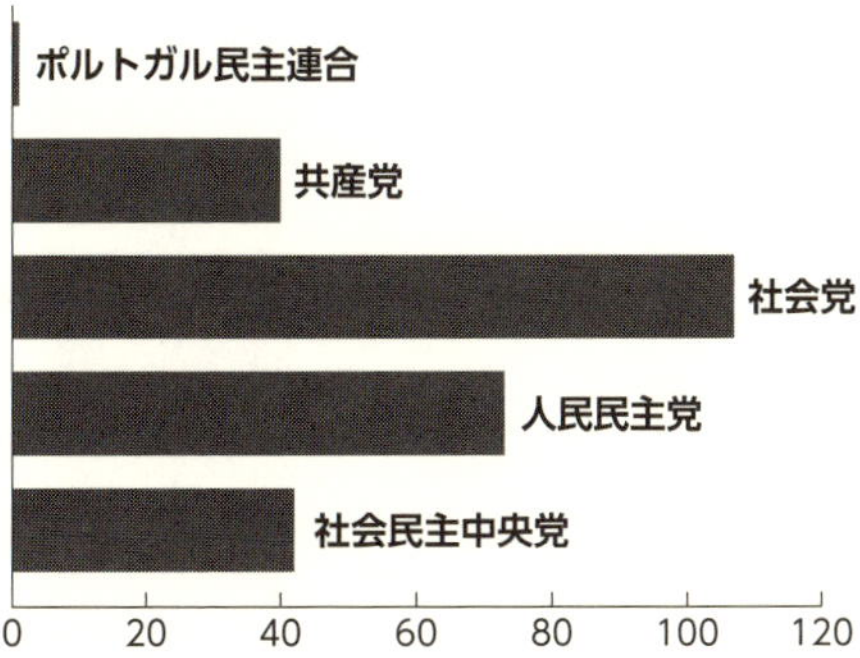

社会党と人民民主党はこれに強く反発し、内閣から閣僚をすべて引きあげます。その結果、内閣は総辞職に追いこまれました。
さらに社会党は、当時の首相であるヴァスコ・ゴンサルヴェスに退陣を要求します。革命評議会のなかでも、ゴンサルヴェスに批判的な勢力が多くなっていました。
そこで、ゴンサルヴェスと共産党は、革命評議会の権限を縮小し、大統領のコスタ・ゴメス、革命の指導者だったオテロ・デ・カルヴァーリョ少佐、ゴンサルヴェス首相による「三頭体制」を成立させます。

しかし、保守的な北部を中心に、共産主義に反対する暴動が頻発《ひんぱつ》するようになり、内戦の危機が高まりました。その一方で、共産党が主導するデモやストライキも頻発し、ポルトガルの経済は壊滅的なダメージを受けます。

こうした混乱がつづいたことで、「国軍運動」のなかでも社会党を支持する穏健派が増えました。8月には共産党を容認するゴンサルヴェス首相の内閣が発足しますが、社会党と人民民主党が入閣を拒否したため、共産党は孤立します。結局、ゴンサルヴェス首相は就任から1カ月も経たないうちに辞任を余儀なくされました。

後任の首相には、社会党系のジョゼ・ピニェイロ・デ・アゼヴェード海軍参謀長が選ばれます。この情勢に危機感を覚えた「国軍運動」の急進左派は、11月に反乱を起こしますが、すぐに鎮圧されました。

以降、国民の支持を失った革命評議会の権限は縮小され、ポルトガルの共産主義路線は衰退し、同時に軍人も政治の舞台から姿を消していきます。

そして1976年2月、正式に軍人が政治を動かす軍政から文官が政治を動かす民政への変更が決定しました。

ずれた内容の新憲法

民政への移管後の1976年4月にポルトガルで新たな憲法が公布されます。この憲法は「階級のない社会への移行をめざす」とされていましたが、憲法草案が作成された当時、共産党が強い影響力をもっていたため、非常に共産主義的な内容でした。

憲法が公布されるころには、国内の共産党の力は弱まっていました。そして、社会党や人民民主党が進めていた政治と公布された憲法の内容がかけ離れていたため、すぐに憲法改正を求める声が強まります。

同月25日に選挙が行われた結果、社会党が第一党となり、人民民主党、民主社会中央党、共産党がつづく結果となり

そのころ、日本では？

1976年、アメリカの航空機製造大手のロッキード社による、世界的な規模の汚職事件が明るみになりました（ロッキード事件）。旅客機の受注をめぐって、元総理の田中角栄《たなかかくえい》がロッキード社から賄賂《わいろ》を受けとっていたとされ、逮捕されます。

ました。

2カ月後の大統領選でも、社会党、人民民主党、民主社会中央党が推薦するラマーリョ・エアネス将軍が、共産党の候補などを破って大統領に就任しました。

エアネス大統領は社会党の指導者であるマリオ・ソアレスを首相に指名します。彼は社会党政権を発足させますが、単独で議席の過半数を握っていたわけではなかったため政権の運営が難しく、発足から2年ほどで総辞職に追いこまれました。

以後、ポルトガルでは10年間ほど、どの政党も単独で過半数の支持を得ることができず、社会党と、社会民主党（人民民主党から改称）を軸に、つぎつぎに内閣が生まれては消える不安定な状態がつづきます。

1979年12月の総選挙では、社会民主党が民主社会中央党や少数政党と連携して結成した「民主同盟」が圧勝し、議会の過半数を制しました。

こうして、カリスマ的な人気のあった社会民主党の党首サ・カルネイロによる内閣が成立したものの、翌年、彼が飛行機事故で急死したため、「民主同盟」も短期間で瓦解してしまいました。

ECへの加盟と憲法改正

ポルトガルはとくにサラザール体制以降、「大西洋主義」を提唱して、ヨーロッパ諸国との関係を重視する「ヨーロッパ主義」よりも、大西洋に面する植民地との関係を重視してきました。しかし、「カーネーション革命」で植民地を手放したことで、ヨーロッパの一員にならざるを得なくなっていたのです。

総選挙が1983年4月に行われると、社会党が第一党に返り咲きました。社会党の指導者であるマリオ・ソアレスがふたたび首相に就任し、社会民主党と連立して「中央連合」内閣を発足させます。そして、1985年6月12日、長い年月をかけて交渉をつづけていたEC（欧州共同体）への加盟条約を結ぶことに成功したのです。

国会の勢力分布（1983年）

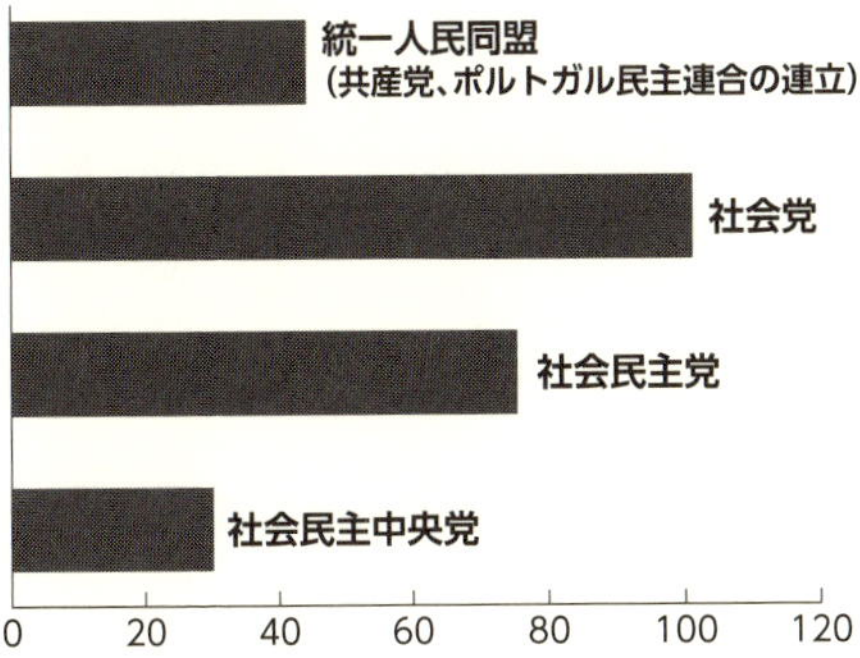

同年11月、社会民主党のカヴァコ・シルヴァ内閣が政権を握ります。そして、1986年1月に正式にポルトガルはECに加盟しました。

ECは、加入している先進諸国とポルトガルの経済格差を埋めるため、欧州開発基金からポルトガルの国内総生産の1パーセント相当の金額を7年間にわたって投入することを決めます。

そして、1986年から7年間にわたって、ポルトガルは欧州投資銀行から48億エキュ（当時ECで使われていたヨーロッパ通貨単位）の融資を受けることも決まりました。

この資金をもとにして、シルヴァ内閣は高速道路の建設など、社会インフラの整備や教育の充実を進めます。これらの投資によって成長しはじめたポルトガル経済をより活性化させるため、シルヴァ内閣は長年の課題だった憲法改正に取り組みました。

1988年、国営企業の段階的な民有化を認める法律が制定され、銀行やビール会社の民営化がはじまります。また、農地改革法を改正することで集団農地の多くを解散させて、もともとの地主に土地を返却しました。さらに同年、外国企業の誘致を図るために労働法も改正されます。これによって、ドイツのフォルクスワーゲン社がリスボン近郊のパルメラに進出しました。

翌年、社会民主党と社会党の合意のもと、ポルトガルで憲法改正が行われます。この改正で、条文から「社会主義」や「集団化」といった共産主義用語がなくなり、主要産業の国有化に関する規定は削除され、企業の民営化が促進されることとなりました。

ECからの資金援助と、経済面の改革により、ポルトガルの経済はEC加盟の翌年から1991年までのあいだ、毎年約5パーセントずつ成長しつづけました。この高度成長を背景に、シルヴァ内閣の政権は長期化しました。

広がる経済格差

高度成長を迎えたポルトガルでしたが、その反動もありました。急激な経済規模の拡

国会の勢力分布（1995年）

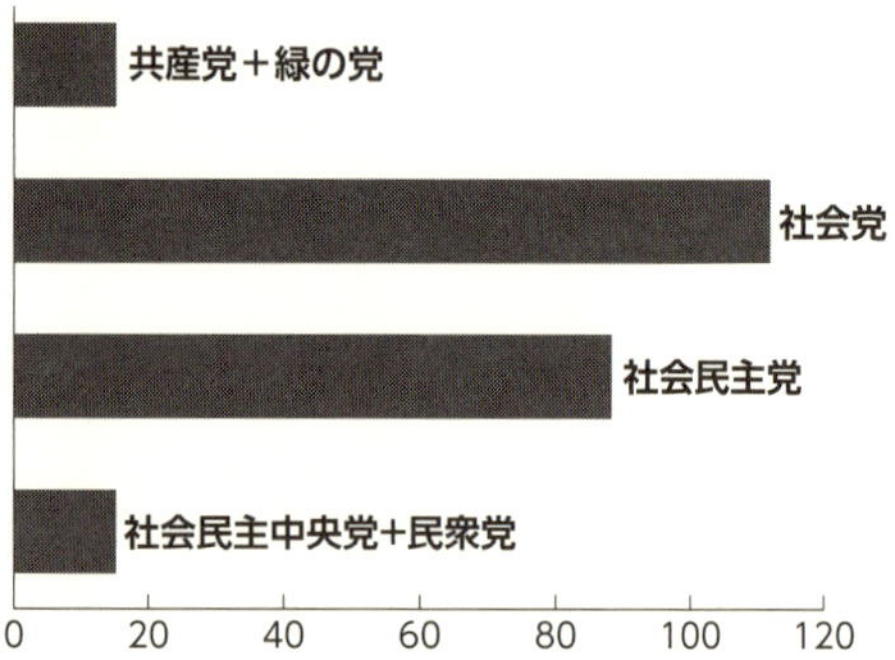

大によって物価が高騰し、低収入層の国民を苦しめたのです。

1992年、EC加盟国のあいだでマーストリヒト条約が結ばれ、ECはEU（欧州連合）になります。このとき、ポルトガルに対する資金援助が打ち切られ、保護措置も撤廃されました。

EU加盟国間では通貨としてユーロを導入することが決まりますが、EUの加盟条件には「財政赤字は国内総生産の3パーセント以内」というものがありました。

なお、ユーロを導入するために、物価、財政収支の安定や、債務残高の割合などきびしい条件が課せられます。その条件を満たすため、シルヴァ内閣は歳出の削減や増税などを実施したため、貧しい国民を苦しめました。

その結果、ポルトガル国内では経済格差が広がり、1994年から1995年のあいだでポルトガル人の年間平均収入の60パーセントに満たない人の割合が、国民の18パーセントも占めるようになります。もっとも所得の高い層は、最下層の6・6倍もの所得を得るようになっていました。

こうした経済格差に国民の不満が高まっていたこともあり、1995年10月の選挙で社会民主党は社会党に敗れました。これにより、約10年間つづいたシルヴァ内閣は終わり、大統領となっていたマリオ・ソアレスによって社会党のアントニオ・グテーレスが首相に任命されます。

また、翌年1月の大統領選挙では、ソアレスにかわってリスボン市長だったジョルジェ・サンパイオが出馬すると、シルヴァを破って当選しました。

ふくらみつづける財政赤字

グテーレス内閣のもとで、1996年7月にポルトガル語諸国共同体が設立されました。これは、ポルトガルと、かつての植民地を中心としたポルトガル語を公用語とする諸国によって構成された国際機関で、加盟国が対等な立場で政治や経済、文化の面で協力することを目的としたものです。

１９９８年には、ヴァスコ・ダ・ガマのインド航路発見５００周年を記念して、リスボンでリスボン国際博覧会が開催されました。日本をふくむ多くの国が参加し、１３２日間の会期中、約１０００万人が入場するなど大成功を収めます。

また、１９９９年12月、マカオが中華人民共和国に返還されました。これにより、ポルトガルは、名目上の植民地だった東ティモール以外の植民地をすべて失いました。

グテーレス内閣は、シルヴァ内閣のころに拡大した国内の経済格差の解消にもっとも力を入れます。まず、経済格差を縮小するため

に、最低所得保障制度を設けます。さらに、貧困から抜け出すための職業訓練の充実を図りました。

しかし、そのための予算が国家財政の大きな負担となります。そこに不景気が重なったため、2001年にはポルトガルの財政赤字は4・1パーセントになり、EU加盟の条件を下回りました。

こうした財政赤字の拡大に加え、物価が高騰したことでグテーレス内閣は国民の支持を失い、2002年3月の選挙でドゥラン・バローゾの率いる社会民主党に破れ、政権の座から降りることになります。

なお、インドネシアに占領されていた東ティモールは、2002年5月にインドネシアからの独立を果たしました。これによって、ポルトガルの植民地の時代は完全に終わりました。

欧州債務危機を乗り切る

社会民主党のバローゾ首相は、右派の民衆党と連立内閣を成立させ、財政再建を最優先課題としました。しかし、２００３年初頭にイラク戦争の危機が高まると、バローゾは参戦に前向きな姿勢をみせたため、国民から強い反発を受けます。

同年2月、リスボンで若者を中心に10万人以上のイラク戦争反対のデモが起こり、「カーネーション革命」以来の大規模な政治運動となりました。

それでもバローゾ内閣は同年11月、イラクに共和国警備隊を派遣し、国民から強く批判されます。

さらに２００４年6月、バローゾは欧州委員会委員長に指名されたことを理由に首相を辞任し、議会が解散となります。結局、イラク戦争をめぐる騒動と突然の辞任により、財政再建はまったく進みませんでした。

２００５年2月の選挙では、イラク派兵によって国民の信頼を失っていた社会民主党が大敗し、ジョゼ・ソクラテスの率いる社会党が第一党に返り咲きました。

国会の勢力分布（2005年）

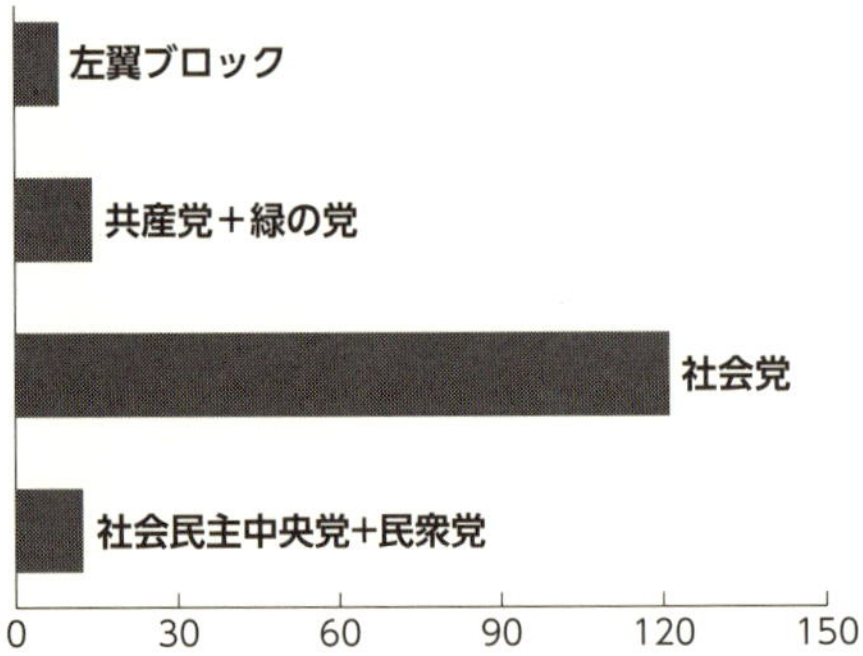

また同年、前年にEU加盟国間で調印されていた欧州憲法条約が、フランスとオランダが批准《ひじゅん》（条約に対する国家の最終的な同意）に反対したため、成立しなくなります。

2007年7月、欧州連合議長国となったポルトガルは、この条約にかわる欧州連合修正条約の合意を得るため、各国と調整を行うことになりました。最終的に、同年12月、リスボンのジェロニモス修道院で、各国の代表が「欧州連合条約および欧州共同体設立条約を修正するリスボン条約」に署名します。

ほかにもソクラテス内閣は、カトリックの伝統の強いポルトガルでは根強い反対のあった妊娠中絶を認める法律を2007年2月に成立させ、同じくカトリックからの反対の強い同性婚を認める法律を2010年に成立させるなどの成果を挙げました。

そのころ、日本では？

2011年3月11日、東北地方の太平洋岸沖を震源とする、マグニチュード9.0の地震が発生しました。地震によって引きおこされた津波などにより、東北地方を中心に2万人近くの死者・行方不明者が発生し、さらに福島第一原子力発電所事故も起こりました（東日本大震災）。

ただ、歴代のポルトガル政権が課題としてきた財政赤字は、世界的な金融危機と不況であるリーマンショックの影響などもあって、縮小されませんでした。２０１１年３月、財政再生計画が否決されたため、ソクラテスは首相を辞任します。

同年5月、欧州連合、国際通貨基金、欧州中央銀行の合同調査団（トロイカ）がポルトガルを訪れ、財政状況の調査を行いました。その翌月の選挙では社会民主党が勝利し、党首のパッソス・コエーリョが首相に就任します。コエーリョ内閣は、歳出の削減と増税による緊縮政策を進めると同時に、欧州中央銀行と国際通貨基金から、３年間で総額７８０億ユーロもの大規模な融資を受けることで、財務破綻を回避しようとしました。

この政策によって、２０１４年ごろにはポルトガルの経済成長率や失業率などに改善の兆《きざ》しがみえはじめました。一方、野党となっていた社会党を率いるアントニオ・コスタは緊縮措置の廃止と減税を訴えることで、コエーリョ内閣の緊縮政策に不満を抱いていた国民から一定の支持を得ます。

２０１５年10月４日の選挙では、社会民主党を中心とした中道右派連合が38・６パーセントを得票して第一党となり、社会党は32・３パーセントで第二党になります。与党が第一党になったことで、コエーリョが首相に再任されました。

しかし、コスタは共産党や環境保全政党「緑」などの左派政党と組むことで国会における多数派を形成し、政権に対する不信任決議案を提出してコエーリョを辞任に追いこみます。そして、同年11月にコスタが首相に就任し、社会党政権が誕生しました。

コスタ内閣での経済成長

アントニオ・コスタは公約通り、前政権による緊縮政策を緩和するとともに、最低賃金の上昇などによって国民の所得を増やし、内需を拡大することで経済を成長させようとします。

当初は、この政策によって財政赤字が拡大するのではないかと懸念されていましたが、失業率の改善による消費の回復や、観光業が好調だったことで、財政赤字はすこしずつ解消されていきました。

2000年代初頭には国内総生産の4パーセント以上もあった財政赤字が、2016年には2パーセントとなり、さらに2018年には0・5パーセントにまで削減されたのです。

その後もコスタ内閣は、外国投資の呼びこみ、観光振興、ＩＴ産業の育成などに力を入れ、２０１７年から２０１９年にかけて年間成長率２パーセント以上を維持しつづけました。

２０２０年にはコロナ禍が経済を直撃し、この年の成長率はマイナス８・３パーセントまで下がります。しかし、コロナ禍が落ち着きをみせはじめたこともあり、２０２１年からまたプラス成長にもどりました。

２０２２年、ロシアによるウクライナ侵攻がはじまると、ヨーロッパ各国は原油価格の高騰などで引きおこされたインフレに苦しむようになります。

しかし、ポルトガルはロシアへのエネルギー依存率が低いこともあり、同年のインフレ率はＥＵ平均より、やや低

そのころ、日本では？

日本の小惑星探査機「はやぶさ２」が、2020年12月６日、小惑星リュウグウの探査から地球に帰還し、リュウグウから採取したサンプルの回収カプセルをオーストラリアに投下しました。探査機本体は、その後、次の探査目標である小惑星へと向かっています。

い数値で収まりました。

このように経済政策が比較的うまくいったこともあり、コスタ内閣は約8年間の長期政権となりました。ところが、2023年11月に首相補佐官などが汚職疑惑で逮捕されたことで、コスタは首相の辞任を余儀なくされてしまいます。

2023年4月に行われた選挙では社会民主党が第一党となり、同党党首のルイス・モンテネグロが首相に就任しました。

この選挙では移民排斥などを訴える極右政党のシェーガ党が、全体の18パーセントの票を獲得し、議席を4倍に伸ばす躍進を遂げました。

こうした極右政党の躍進は近年のヨーロッパの多くの国でみられる傾向ですが、今後、ポルトガルがどのような道を進んでいくのかは、国民の選択しだいでしょう。

ポルトガルの歴史
年表

この年表は本書であつかったポルトガルのできごとを中心につくってあります。

下段の「世界と日本のできごと」と合わせて、理解を深めましょう。

年代	ポルトガルのできごと	世界と日本のできごと
〈紀元前〉		〈紀元前〉
9~7Cごろ	北部でカストロ文化が生まれる	世界 アカイア同盟の結成（BC280ごろ）
218	第二次ポエニ戦争	世界 カンナエの戦い（BC216）
205	ローマがイベリア半島を属州化	世界 秦の滅亡（BC206）
19	ヒスパニアが3つの属州に分割される	世界 アクティウムの海戦（BC31）
〈紀元〉		〈紀元〉
1Cごろ	ヒスパニアにキリスト教が広まる	世界 五賢帝時代の開始（96）
297	属州が5つに分割される	世界 サンマリノ共和国の成立（301）
411	北西部にスエヴィ王国が建国される	日本 倭国が東晋に朝貢する（413）
585	西ゴート王国がイベリア半島を統一	日本 蘇我馬子が物部氏を滅ぼす（587）

8Cごろ	アラブ人の支配下に、アル・アンダルスと呼ばれる	日本 大宝律令の完成（701）
756	後ウマイヤ朝の成立	世界 カロリング朝の成立（751）
791	アストゥリアス王国でアルフォンソ2世が国王となる	日本 平安京への遷都（794）
868	ポルトゥカーレ伯領ができる	日本 石清水八幡宮が創建される（860）
10C	3カリフ時代	日本 菅原道真が大宰府へ左遷される（900ごろ）
1031	後ウマイヤ朝が崩壊、タイファが乱立	世界 アザーズの戦い（1030）
1037	カスティーリャ・レオン王国の成立	世界 西夏の建国（1038）
1086	ムラービト朝がイベリア半島の大半を支配	日本 白河天皇による院政の開始（1086）
1131	ポルトゥカーレ伯領の首都がコインブラに移される	世界 シチリア王国の建国（1130）
1143	ポルトガル王国の誕生、ボルゴーニャ朝のはじまり	世界 南宋と金の和議（1142）
1147	リスボン陥落	日本 後白河天皇の即位（1155）
1212	ラス・ナバス・デ・トローサの戦い	世界 マグナ・カルタの制定（1215）
1228	ムワッヒド朝がイベリア半島から撤退	世界 チンギス・ハン死去（1227）
1249	ポルトガルのレコンキスタの完了	世界 マムルーク朝の成立（1250）
1255	首都がリスボンに	世界 アッバース朝の滅亡（1258）

年代	ポルトガルのできごと	世界と日本のできごと
1385	ジョアン1世の即位、アヴィス朝のはじまり	世界 ワット・タイラーの乱（1381）
1415	ジョアン1世の大艦隊がセウタ攻略	世界 フス戦争（1419）
1488	バルトロメウ・ディアスが喜望峰に到達	日本 加賀一向一揆の開始（1488）
1494	トルデシーリャス条約の締結	世界 イタリア戦争の開始（1494）
1498	ヴァスコ・ダ・ガマがカリカット到達	世界 スペイン人がはじめてブラジルに上陸（1499）
1512	マヌエル1世による法典の編纂	世界 セリム1世の即位（1512）
1534	ブラジルでのカピタニア制の開始	世界 インカ帝国の滅亡（1532）
1580	フィリペ朝のはじまり	日本 本能寺の変（1582）
1622	オリバーレス伯公が宰相になる	世界 オランダ西インド会社の設立（1621）
1640	ブラガンサ朝のはじまり	日本 出島でオランダとの貿易開始（1641）
1668	ポルトガルの独立が認められる	日本 シャクシャインの戦いの開始（1669）
1703	メシュエン条約の締結	日本 赤穂事件（1703）
1755	リスボン大震災	世界 七年戦争の開始（1756）
1761	奴隷解放令	世界 エカチェリーナ2世がロシア皇帝に（1762）

1773	イエズス会の解散	世界 ボストン茶会事件（1773）
1801	バダホス条約、マドリード条約の締結	日本 伊能忠敬が蝦夷地を測量（1800）
1807	リスボンがフランス軍に占領される	世界 英露戦争の開始（1807）
1808	ドン・ジョアンがリオデジャネイロに宮廷を置く	世界 アメリカが奴隷貿易を禁止する（1808）
1816	ジョアン6世の戴冠式がリオデジャネイロで行われる	世界 インドネシアのタンボラ山大噴火（1815）
1820	ポルトで自由主義革命	世界 スペイン立憲革命（1820）
1821	120年ぶりにコルテス（国民議会）が招集される	世界 ギリシア独立戦争（1821）
1822	新憲法の公布	世界 エクアドルがスペインから独立（1822）
1826	ブラジル皇帝ドン・ペドロがポルトガル王として即位	世界 デカブリストの乱（1825）
1832-1834	ポルトガル内戦	日本 天保の大飢饉（1833）
1835	セテンブリスタの乱	日本 大塩平八郎の乱（1837）
1846	マリア・ダ・フォンテの乱	世界 「共産党宣言」の発表（1848）
1852	直接選挙法の導入、二大政党制（ロタティヴィズモ）の確立	日本 日米和親条約（1854）
1867	民法の公布	日本 大政奉還（1867）
1886	「バラ色の地図」の発表	日本 ノルマントン号事件（1886）

年代	ポルトガルのできごと	世界と日本のできごと
1908	カルロス1世とその長男が暗殺される	日本 日露戦争の開始（1904）
1910	第一共和政の開始	世界 辛亥革命（1911）
1916	コスタ首相による「神聖連合」	世界 ソヴィエト政府の樹立（1917）
1921	「流血の夜」事件	日本 原敬暗殺事件（1921）
1926	コスタが軍事独裁政権を樹立	世界 蔣介石が北伐を開始（1926）
1930	サラザールが「国民同盟」結成	世界 ロンドン海軍軍縮会議（1930）
1932	第二共和政の開始	日本 五・一五事件（1932）
1933	新憲法の公布	世界 禁酒法の廃止（1933）
	新国家体制（エスタド・ノヴォ）の成立を宣言	世界 ナチス独裁政権が成立（1933）
1940	ポルトガル世界博覧会	日本 日独伊三国同盟が成立（1940）
1949	北大西洋条約機構（NATO）に加盟	世界 中華人民共和国が成立（1949）
1955	国際連合に加盟	世界 ワルシャワ条約の締結（1955）
1960	欧州自由貿易連合（EFTA）への加入	世界 ベトナム戦争の開始（1960）
1961	植民地解放戦争	世界 ソ連が人類初の有人宇宙飛行に成功（1961）

1974	カーネーション革命、第三共和政の開始	世界 ギヨーム事件（1974）
	ギネ・ビサウの独立を承認	世界 ウォーターゲート事件（1974）
1975	モザンビーク、アンゴラなどの独立承認	世界 ベトナム戦争の終結（1975）
	革命評議会の成立	日本 クアラルンプール事件（1975）
1976	新憲法の公布	日本 ロッキード事件が発覚する（1976）
1983	マリオ・ソアレス首相による「中央連合」内閣の発足	世界 インターネットの誕生（1983）
1986	EC（欧州共同体）への加盟	世界 チェルノブイリ原発事故（1986）
1989	憲法改正	世界 ベルリンの壁が崩壊（1989）
1995	グテーレスが首相に	日本 阪神・淡路大震災（1995）
1996	ポルトガル語諸国共同体の設立	世界 包括的核実験禁止条約の採択（1996）
1998	リスボン国際博覧会	世界 コソボ紛争の開始（1998）
2007	リスボン条約の締結	世界 四川大地震（2008）
2010	同性婚を認める法律の成立	世界 アラブの春の開始（2010）
2015	コスタが首相に	世界 アメリカで同性婚が認められる（2015）
2024	社会民主党が第一党に	世界 トランプが大統領に2度目の当選（2024）

主要参考文献

『図説ポルトガルの歴史　増補改訂版』金七紀男（河出書房新社）

『図説ブラジルの歴史』金七紀男（河出書房新社）

『ポルトガル史　増補新版ルネサンス版』金七紀男（彩流社）

『新版　世界各国史　スペイン・ポルトガル史』立石博高編（山川出版社）

[監修]
金七紀男（きんしち・のりお）
1940年、旧満州国生まれ。東京外国語大学名誉教授。専門はポルトガル近世史、ブラジル植民史。
著書に『エンリケ航海王子　大航海時代の先駆者とその時代』（刀水書房）、『ポルトガル史』（彩流社）、『ブラジル史』（東洋書店）、『図説ポルトガルの歴史』（河出書房新社）、『図説ブラジルの歴史』（河出書房新社）など。訳書にジョゼ・アルヴァレス著『日葡修好通商条約と外交関係史1860～1910』（彩流社）などがある。

編集・構成／造事務所
ブックデザイン／井上祥邦（yockdesign）
文／尾登雄平、小林悠樹、奈落一騎
イラスト／suwakaho

世界と日本がわかる　国ぐにの歴史
一冊でわかるポルトガル史

2025年2月18日　初版印刷
2025年2月28日　初版発行

監　修　　金七紀男

発行者　　小野寺優
発行所　　株式会社河出書房新社
〒162-8544
東京都新宿区東五軒町2-13
電話03-3404-1201（営業）
03-3404-8611（編集）
https://www.kawade.co.jp/
組　版　　株式会社造事務所
印刷・製本　TOPPANクロレ株式会社

Printed in Japan
ISBN978-4-309-81124-6

「世界と日本がわかる 国ぐにの歴史」シリーズ